A ARTE DE FALAR E FAZER

GERONIMO THEML

A ARTE DE FALAR E FAZER

Uma teoria revolucionária para vencer a procrastinação baseada em evidência científica

Gente
editora

Diretora
Rosely Boschini

Gerente Editorial Sênior
Rosângela de Araujo Pinheiro Barbosa

Editora Júnior
Rafaella Carrilho

Assistente Editorial
Fernanda Costa

Produção Gráfica
Fábio Esteves

Edição de texto
Carolina Rocha | Cavalo-Marinho Estúdio Criativo

Preparação
Franciane Batagin Ribeiro

Capa, Projeto Gráfico e Diagramação
Plinio Ricca

Revisão
Wélida Muniz

Impressão
Edições Loyola

Dados Internacionais de Catalogação na Publicação (CIP)
Angélica Ilacqua CRB-8/7057

Theml, Geronimo
   A arte de falar e fazer : uma teoria revolucionária para vencer a procrastinação baseada em evidência científica / Geronimo Theml. - São Paulo : Editora Gente, 2023.
   192 p.

ISBN 978-65-5544-301-1

1. Procrastinação 2. Desenvolvimento pessoal I. Título

23-3801   CDD 155.232

Índice para catálogo sistemático:
1. Procrastinação

NOTA DA PUBLISHER

Geronimo é um dos seres humanos mais generosos que conheço. Minha admiração por ele é gigante e tê-lo como um dos grandes best-sellers da Editora Gente é realmente um privilégio.

A arte de falar e fazer é seu terceiro livro conosco e, a cada projeto, é impressionante ver sua dedicação para entregar sempre o que há de melhor para que cada vez mais leitores possam ter resultados concretos em suas vidas.

A Editora Gente se especializou em lançar obras que resolvem problemas reais e urgentes. E este livro, que agora está em suas mãos, é provavelmente um dos mais importantes para a era em que vivemos.

Com tanta coisa acontecendo à nossa volta e de maneira tão acelerada, não é raro nos depararmos com um sentimento de que: *mesmo fazendo muito, ainda estamos longe de ter foco para o que realmente importa*. As demandas atropelam nossa rotina e os projetos que deveriam ser a prioridade de nossa energia são adiados. Geronimo, então, com toda a sua generosidade, clareza e dedicação nos explica o que está por trás dessa trava que nos impede de fazer tudo aquilo que *queremos* e *sabemos* que é essencial para sermos as pessoas que queremos ser.

A procrastinação é um dos maiores males dos nossos tempos, fazendo com que tantas e tantas pessoas estejam se sentindo culpadas e paralisadas. E este livro nasceu para estabelecer uma mudança definitiva.

Se é isso o que você busca, posso afirmar que esta leitura será um divisor de águas na sua trajetória, porque depois de aplicar todo o conhecimento compartilhado nas próximas páginas você não apenas entenderá melhor a si mesmo, mas aprenderá a fazer a sua mente e a sua rotina funcionarem a seu favor.

Aproveite cada técnica que encontrará a seguir, mergulhe nos exercícios e faça deste livro o seu aliado para construir a vida dos seus sonhos! Boa leitura!

Rosely Boschini
CEO e Publisher da Editora Gente

Dedico este livro a todos os meus alunos que, com seus resultados concretos em todos os campos da sua vida, me incentivam a continuar.

AGRADECIMENTOS

screver os agradecimentos de um livro é um momento especial para mim, pois quanto mais estudo e evoluo como ser humano, mais descubro o poder da gratidão. Quando a gratidão invade o nosso cérebro, nenhum outro sentimento ruim consegue penetrar. É simplesmente impossível sentir, ao mesmo tempo, gratidão e raiva, inveja ou qualquer sentimento ruim em relação a alguém.

E, neste exato momento, meu coração está tomado de gratidão. Estou sentado em uma Starbucks na Carolina do Sul e faz literalmente cinco minutos que mandei uma mensagem dizendo que terminei a revisão final deste livro que você tem agora em mãos.

Mandei a mesma mensagem de celebração e gratidão em alguns grupos e para algumas poucas pessoas. Se foi nelas que pensei, achei justo que fosse a elas que eu agradecesse.

A primeira mensagem foi para a Paty, minha esposa, mãe dos meus filhos, companheira de vida, sócia, amor da minha vida. Estamos juntos há dezessete anos e, hoje de manhã, acordei do lado dela com o mesmo amor, ou talvez até mais, que sinto há todo esse tempo. Estamos de férias aqui na Carolina do Sul, nos Estados Unidos, e avisei que sairia para terminar o livro e, mais uma vez, tive o incentivo e o sorriso lindo dela. *Paty*, obrigado por todo o apoio que você dá às minhas maiores loucuras, obrigado por me frear quando estou prestes a descarrilar, obrigado por tantas histórias que estamos construindo juntos e por tantas outras que virão. Obrigado por me inspirar a terminar este livro, tenho certeza de que você sabe do que estou falando. Amo você!

Nessa mesma mensagem para a Paty, disse que hoje sairíamos para comemorar o fechamento do livro junto com João e

Carol, nossos filhos. É impossível descrever em palavras o que sinto por eles. É um amor tão grande que não cabe nos limites da linguagem escrita. *João*, meu amigão, você é especial, inteligente, carinhoso, um dos meus maiores e melhores torcedores, está sempre por perto. Como eu amo ter você na minha vida. Obrigado por se interessar por todos os meus projetos. É absolutamente raro e único ver uma criança que pergunta ao pai como estão os seus projetos. Amo tanto você, tanto que estou literalmente chorando aqui na Starbucks enquanto escrevo isso.

Carol, minha pequenininha, você tem um coração lindo, um olhar cheio de vida. Se eu fosse dar um apelido para você seria Projetinho, pois você está sempre com algum projeto em andamento. Me vejo completamente em você. Muita vida, muito vento, muitos sonhos, muita energia. Obrigado por todo o seu amor e compreensão quando precisei me ausentar para fazer o que decidi fazer. Não deve ser fácil ter um pai como eu, mas estou o tempo todo buscando evoluir, e o que me acalma o coração é ver quem você está se tornando. Uma pessoa muito acima da média, que orgulho de você. Eu te amo infinitamente.

Mandei também uma mensagem no grupo em que estão a minha editora e quem me apoiou como pesquisadora neste trabalho. Eu tenho certeza de que o livro não teria ficado tão forte, inovador e impactante se não fosse pelo trabalho delas. Obrigado, Carolina Rocha, por me emprestar o seu talento como editora para organizar as minhas ideias e fazer com que este livro saísse. Espero que possamos criar tantos outros livros juntos. *Carol*, quando já começo a pensar no próximo, não consigo pensar em outro nome que não seja você para se juntar a mim nessa. No mesmo grupo está a Angélica Dalla

Rosa, coach de liderança multitalentosa, que "vi nascer" como coach, sendo minha aluna, e vi crescer para tornar-se uma das melhores profissionais de coaching levado a sério que conheço. Além de seus muitos talentos como coach, eu a convidei para me ajudar no trabalho de pesquisas para este livro, ela não só aceitou como foi incrível durante a jornada. *Angel,* obrigado por sua dedicação em mais este projeto que fizemos juntos, nossa história profissional e de amizade está só no começo, meu coração me diz que você não tem nem ideia de tudo que ainda faremos juntos nesta jornada material.

Também mandei uma mensagem para o grupo da equipe da Editora Gente. Todos os meus livros de desenvolvimento pessoal até hoje foram lançados por eles. Que equipe maravilhosa. Seria tão injusto citar nomes, pois tenho certeza de que criar tantos best-sellers, como temos criado juntos, não é um trabalho de poucos, mas de uma equipe inteira. Mas não posso deixar de citar nominalmente a Rafaella Carrilho, a Rosângela Barbosa e o Fabrício Santos, que estão bem perto, sempre dispostos a dar o apoio de que eu preciso como autor. Obrigado pela dedicação imensurável de vocês!

Outro nome que grita no meu coração para agradecer é o da Rosely Boschini, CEO da Editora Gente, uma das maiores autoridades na área literária do Brasil. Se existe alguém que sabe enxergar e apoiar a criação de best-sellers é ela. *Rô,* obrigado por acreditar em mim desde a nossa primeira reunião, em que o Jober nos aproximou. Ali eu não tinha nenhum livro vendido em desenvolvimento pessoal, mas você investiu tempo e energia em meu trabalho. Você tem meu respeito, admiração e dedicação. Que possamos produzir juntos muitos best-sellers que mudam a vida das pessoas.

Agora eu preciso fazer um agradecimento especial a um grupo de pessoas obstinadas que são soldados de mudança de mundo juntos comigo, que é o meu time do IGT International Coaching. Uma equipe de pessoas que recusa a mediocridade. Que busca o tempo inteiro ir além com os nossos alunos. Que apoia as minhas loucuras para colocá-las no mundo. *Time*, vocês são surreais, fora da média, a melhor equipe que alguém poderia ter. Mais uma vez, seria injusto citar nomes, mas é impossível não mencionar dois nomes específicos: a Isadora Hunka, que chegou ao IGT como estagiária e hoje é minha sócia em todas as minhas empresas. *Isa*, você é uma incrível parceira de jornada. É maravilhoso ter você por perto, ver sua paixão por evoluir, sua obstinação por melhorar. Também tenho certeza de que você não faz ideia de tudo que ainda faremos juntos. Obrigado por ser quem você é, sócia! O outro nome que não posso deixar passar em branco é da Anissa Liberato, minha assistente pessoal que faz o seu trabalho com um elemento raro hoje em dia: amor. *Anissa*, eu vejo todo o amor que você tem por mim e por minha família. Honro, reconheço e agradeço por isso. Claramente, este livro também leva a sua assinatura.

Para estes últimos nomes, eu não mandei mensagem avisando que terminei o livro, mas é impossível que eles não estejam neste ou em qualquer livro que eu escreva em minha vida. *Mãe*, obrigado por me mostrar em ações e não em palavras o que é o amor incondicional. Você é o sinônimo de humildade, dedicação e amor. Obrigado por isso. Vou amar, honrar e cuidar de você da melhor maneira que eu puder até o último dia da sua vida. *Pai*, você sempre vibrou com cada conquista minha, mesmo sem saber direito o que ela significava. Sempre abriu os seus grandes olhos verdes como quem quisesse dizer "eu não sei bem o que é isso, mas tô feliz". Esta talvez seja minha primeira nova conquista em que não tenho você materialmente aqui por perto. Espero estar honrando a sua memória com este livro. Assim como a mamãe, você também me ensinou por ações e não por palavras a força do trabalho. O legado que você deixou em mim é muito maior do que qualquer bem material, do que qualquer herança que poderia ter deixado. *Vó*, tomara que você esteja perturbando meu pai aí em cima. Você sabe que está na lista das pessoas que mais amei (e continuo amando) na vida.

Preciso fazer uma menção especial aos meus alunos. Nas poucas vezes que penso em desistir, são as mensagens de gratidão e reconhecimento, mas, principalmente, o resultado deles que me faz continuar. É maravilhoso ver mensagens dos meus alunos salvando o próprio casamento, mudando sua vida financeira, sentindo que assumiram novamente o comando da própria vida, evoluindo profissionalmente, batendo metas, tornando-se pessoas melhores. Obrigado a todos os membros da "Comunidade No Comando", aos AWAKERs que fizeram o WA e aos meus *coaches* criacionais e mentorados do Ultimate, que levam o nome do coaching a sério por todos os cantos do mundo. *Meus alunos*, eu honro a vida de vocês por despertarem para recusar a mediocridade e toparem pagar o preço de uma vida com significância, uma que vale a pena ser vivida.

Preciso fazer uma menção especial a alguém que ainda não é meu aluno, mas me acompanha nas redes sociais. Nós o chamamos carinhosamente aqui em casa de Five, que significa cinco em inglês, que representa o quinto membro da nossa família. Um dia percebemos que, em praticamente todos os lugares que vamos, existiam eu, Paty, João, Carol e um quinto

membro, que são as pessoas que nos acompanham nas redes sociais. Carinhosamente batizamos esse quinto membro como *Five*. Se você ainda não é um Five, por favor, me ache nas redes sociais, passe a me seguir e se torne um.

Por último, embora me sinta tomado de gratidão neste momento por Deus me permitir completar mais este trabalho, na verdade, meu sentimento por Ele é outro. Eu verdadeiramente espero que, ao entregar este livro para o mundo, com todos os desafios que tive para completar esta etapa, eu possa estar sendo tudo aquilo que nasci para ser. Que possa estar dando orgulho a Ele. No meu braço, tem uma tatuagem com uma cruz cristã e as palavras: "Soldado do Criador". *Pai*, só o Senhor sabe o quanto eu luto para recusar a mediocridade, o quanto entendo que não é sentado em uma cadeira que cumprirei o meu propósito neste plano. O Senhor sabe que acordo praticamente todos os dias para Lhe servir. Para ser tudo aquilo que o Senhor espera de mim. Desculpe as vezes que O decepciono. Obrigado pelas permissões e compressões que recebo. Amo Você! Nasci para Lhe servir! Que por onde eu passar eu possa deixar um rastro de bondade, alegria e amor. E que nesse rastro eles possam ver não a minha, mas a Sua face.

SUMÁRIO

INTRODUÇÃO 20

CAPÍTULO 1

AMANHÃ EU FAÇO 24

CAPÍTULO 2

AS ARMADILHAS DO CÉREBRO QUE
NOS FAZEM PROCRASTINAR 42

CAPÍTULO 3

QUANDO AS CONQUISTAS PARECEM
DISTANTES DEMAIS 62

CAPÍTULO 4

GERENCIANDO A FORÇA DE VONTADE 80

CAPÍTULO 5

NÃO DIMINUA A FORÇA DE VONTADE ... 92

CAPÍTULO 6

AUMENTE A SUA FORÇA DE VONTADE ...116

CAPÍTULO 7

MUDE SUA PERCEPÇÃO SOBRE CADA
TAREFA 132

CAPÍTULO 8

JEJUM MODERADO E DIRECIONADO
DE DOPAMINA 152

CAPÍTULO 9

APENAS FAÇA 172

MENSAGEM FINAL 186

Se você realmente se dedicar ao que vem pela frente, garanto que cumprir seus planos se tornará algo muito mais fácil e natural.

INTRODUÇÃO

A *arte de falar e fazer* nasceu a partir de uma grande necessidade que eu tinha de compartilhar com o maior número de pessoas possível, de maneira estruturada e organizada, todas as descobertas que fiz nos últimos anos enquanto estudava a razão por trás de *não fazermos aquilo que realmente importa para nós*. Eu queria entender por que cumprir o que prometemos para nós mesmos, muitas vezes, se torna tão difícil. Por que agimos contra a racionalidade passando tarefas menos importantes na frente de outras que seriam decisivas para o nosso futuro – mesmo quando isso prejudica o nosso crescimento profissional, a nossa saúde, as nossas finanças e até os nossos relacionamentos? Por que caímos em erros repetitivos por deixarmos decisões e atitudes fundamentais para depois, até que o depois se torna tarde demais?

Está claro que a razão da procrastinação não é porque não sabemos que algo é importante, urgente e relevante. Não é porque não nos importamos com os impactos negativos dos nossos adiamentos e atrasos. Nem porque não queremos mudar ou evoluir.

Eu descobri, por meio das pesquisas que originaram este livro, que a procrastinação é, sim, um problema complexo. E que está conectado à nossa própria biologia. Procrastinar é mais natural do que pode parecer. Somos um equipamento criado há centenas de milhares de anos atrás, e não recebemos atualizações biológicas significativas para nos adaptarmos ao estilo de vida que a modernidade nos trouxe. Entendi que é urgente a necessidade de retomarmos o comando da nossa rotina e da nossa vida.

Nas próximas páginas, vou mostrar uma nova forma de pensar sobre a procrastinação, um modelo específico e baseado

em evidência científica capaz de tornar você uma pessoa mais produtiva, realizada, leve e feliz. Mas também vou explicar o que está por trás de todos os momentos em que você vê seus planos para uma semana perfeita ruírem, o que faz você tantas e tantas vezes prometer que dessa vez vai fazer, mas acaba, mais uma vez, não fazendo.

Eu me debrucei sobre as evidências científicas mais recentes que tratam deste tema e as traduzi em uma abordagem prática para que você saiba como agir e romper os ciclos de procrastinação que estão travando a realização dos seus sonhos e que, em casos mais graves, podem até gerar um senso de falta de confiança em si mesmo ao ponto de você acreditar que você não tem mais jeito.

Este livro não é apenas uma coletânea de teorias e ideias. É um guia prático, que traz exemplos reais e exercícios que o ajudarão a aplicar o que aprendeu, desde técnicas simples até estratégias avançadas. Você aprenderá a entender os motivos subjacentes à procrastinação, identificar os gatilhos que desencadeiam esse comportamento e aplicar estratégias específicas para superá-la. Você vai aprender por que *fazer* não depende simplesmente de *querer*. E que a maneira como organiza a sua rotina e as atividades que quer realizar determina o seu sucesso ou fracasso no dia a dia.

Sentimos, muitas vezes, que o nosso hábito é baseado em matar vários dragões por dia. E a boa notícia é que escrevi este livro para que ele seja o seu treinamento para aprender e conseguir vencer todos eles.

Se você realmente se dedicar ao que vem pela frente, garanto que cumprir os seus planos se tornará algo muito mais fácil e natural.

Não importa se você é um estudante, profissional ou simplesmente alguém que busca melhorar a si mesmo, este livro é para você. Se está comprometido em mudar o modo como aborda suas tarefas, comprometido em aplicar técnicas cientificamente comprovadas e disposto a trabalhar para mudar a sua mentalidade, então este livro será o seu primeiro passo em direção a uma vida muito mais produtiva e realizada.

AMANHÃ
EU

> *"Você não pode escapar da responsabilidade de amanhã evitando-a hoje."*
>
> Abraham Lincoln[1]

Você há de concordar comigo que grande parte da nossa rotina é baseada em cumprir tarefas dos mais variados tipos. Temos inúmeras responsabilidades no trabalho, em casa, com a nossa saúde, com a família, com os amigos, com nós mesmos. Nosso tempo é limitado, e a imagem que me vem à cabeça é a daquele show circense em que o malabarista equilibra vários pratos ao mesmo tempo em varetas, e precisa girá-los de modo intercalado e permanente para que nenhum caia no chão.

Muitas vezes, a nossa vida fica muito parecida com esse show: temos que encontrar estratégias para equilibrar todos os pratos e atender a todas as expectativas externas e internas do nosso desempenho frente a *tudo o que precisamos e desejamos fazer*. Mas, mesmo que dê o seu melhor todos os dias para fazer o máximo possível, se for parecido com a maior parte da população mundial, você provavelmente não está dando conta de equilibrar tudo, e é bem possível que alguns desses pratos já estejam prestes a cair, se é que alguns já não estão no chão.

Com o tempo, porém, pode ser que *fazer o máximo possível* se torne extremamente desgastante. Os pratos estão caindo, você se sente à beira da perda de controle, seus níveis de

---

1 MCLELLAN, V. **Wise words and quotes**. Wheaton, IL, Estados Unidos: Tyndale House, 2000.

estresse estão altíssimos e as listas de tarefas estão se acumulando... Parece que, mesmo trabalhando mais, acordando mais cedo e se esforçando muito, é impossível dar conta de todas as exigências da vida, e você acaba paralisando.

Talvez não tenha chegado a este nível extremo, mas é possível que alguns sinais já estejam começando a aparecer, como:

- Você está constantemente lutando para cumprir prazos no trabalho e em outras esferas da vida;
- Sente que está andando em círculos em relação a projetos importantes;
- Tem tido dificuldade em manter o foco no dia a dia;
- Está se sentindo tão estressado em relação às suas responsabilidades que o excesso de preocupação chega a atrapalhar o seu sono e a disposição física;
- Precisaria que o dia durasse pelo menos quarenta e oito horas e que ninguém atrapalhasse você para, quem sabe, começar a colocar as pendências urgentes em ordem.

Mas antes de me aprofundar no que isso quer dizer, deixa eu contar uma história para você.

É domingo à noite, e Juliana decide que a próxima semana será diferente. Ela se senta e planeja tudo o que deveria acontecer ao longo dos próximos cinco dias, para que consiga ser produtiva e, *finalmente*, coloque a vida em ordem. Ela anota todas as pendências que estão se arrastando há meses e consomem o seu emocional. Ela decide se libertar de uma vez por todas daquele sentimento de frustração de parecer que está sempre devendo algo a alguém ou a si mesma.

Enquanto cria a lista de tarefas que vai realizar na semana seguinte, ela percebe que não sabe explicar quando foi que sua vida se tornou tão caótica. Os prazos no trabalho estão atrasados. Não consegue estabelecer uma rotina de atividade física – que, mais uma vez, era uma de suas principais metas do ano. Toda semana se programa para fazer mercado e cuidar melhor da alimentação, mas nunca dá certo e acaba recorrendo ao delivery ou a comidas de qualidade ruim muito mais vezes do que gostaria, e mais do que o seu orçamento permite.

O marido já nem faz o planejamento semanal porque, como ele mesmo disse: "Para que ter essa conversa de novo? A gente sabe que não vai funcionar. Você está apenas se iludindo".

Palavras muito dolorosas para Juliana, mas ela está decidida que, desta vez, será diferente. Ela conclui a lista que fez no próprio celular, coloca na cabeceira da cama e deita-se para dormir, confiante de que amanhã será um dia diferente.

O dia seguinte chega. Juliana acorda decidida a fazer a lista de tarefas dar certo, mas o fato é que, por mais que Juliana se planeje, logo na primeira hora da manhã as coisas não saem exatamente conforme o imaginado, e assim o dia segue com e-mails, mensagens, notificações das redes sociais, reuniões, interrupções e o próprio esgotamento físico e mental que bate no fim do expediente. Quando ela se dá conta, parece que o dia voou, e ela não fez nada do que tinha planejado. A noite chega, e o sentimento é de frustração, tristeza de, mais uma vez, ter dito que faria, mas não fez. Ela garante novamente que amanhã será diferente, mas a história se repete de novo.

A rotina da Juliana não é um caso isolado. Atendo clientes e alunos semanalmente com essa exata sensação e, talvez, só talvez, você se identifique com ela ou já tenha experimentado dias assim.

27

Preciso dizer: todos esses sentimentos são legítimos, e você não está sozinho. Na verdade, estudos indicam que 20% da população adulta compartilha dessas mesmas angústias, dificuldades e frustrações que você e a Juliana.[2] Se considerarmos os dados do censo do Instituto Brasileiro de Geografia e Estatística (IBGE), poderíamos presumir que mais de 25 milhões de brasileiros se encontram na mesma situação.[3]

É só pensar em quantas vezes, hoje, você se lembrou das suas tarefas e pendências e se sentiu sem energia só de perceber tudo o que ainda precisa ser feito e, pior, ver tudo o que *já deveria* ter sido feito e está atrasado. Bate um sentimento de que, mesmo que você trabalhe muito, ainda assim não vai ser possível concluir o que deveria. Ou quantas vezes você traçou um plano para ter uma vida mais saudável, mas acabou adiando a ida à academia porque naquele momento não tinha energia suficiente para se exercitar. Quantas vezes pagou a mensalidade

---

2 De acordo com o pesquisador Timothy J. Potts, cerca de 15% a 20% de adultos sofre com procrastinação crônica. POTTS, T. J. **Predicting procrastination on academic tasks with self-report personality measures**. Dissertation Abstracts International. Nova York, 48, 1543. Hofstra University, 1987. Apud: GOUVEIA, V. *et. al.* Escala de procrastinação ativa: evidências de validade fatorial e consistência interna. **Psico-USF**, v. 19, n. 2, p. 345-354, 2014. Disponível em: https://www.scielo.br/j/pusf/a/BYRCJyKqFKCw9T7bWMJ-6DBS/?lang=pt&format=pdf. Acesso em: 05 jun. 2023.

3 Estimativa do número de brasileiros que se enquadram nesse perfil a partir do último censo divulgado até o lançamento deste livro. INSTITUTO BRASILEIRO DE GEOGRAFIA E ESTATÍSTICA (IBGE). **Projeções da população**: censo 2010. Rio de Janeiro, 2011. Disponível em: https://www.ibge.gov.br/estatisticas/sociais/populacao/9109-projecao-da-populacao.html?=&t=resultados. Acesso em: 05 jun. 2023.

e até a anuidade de academias que nunca usou totalmente. Ou ainda quantas vezes planejou o seu dia e o viu indo embora, sem fazer o que era realmente relevante para a sua vida.

Quando planejamos os dias seguintes, ou até mesmo o próximo ano, com as famosas metas de ano novo, nós genuinamente acreditamos que conseguiremos cumprir aqueles objetivos. Planejar nos traz um sentimento de controle, de que estamos guiando a nossa vida segundo as nossas próprias regras. Porém, quando a rotina entra em ação e, mais uma vez, não conseguimos realizar aquilo que planejamos, a decepção é muito grande. Pior ainda, quando *falar e não fazer* se torna um resultado recorrente é muito comum nos culparmos e nos agredirmos com palavras ruins e depreciativas.

O problema disso é que, conforme é ensinado pela dra. Kelly McGonigal, premiada professora de Psicologia da Universidade de Stanford, a autocrítica e o julgamento negativo que temos de nós mesmos diminuem ainda mais a nossa motivação e energia para realizar as tarefas. Alguns estudos, inclusive, comprovaram que, sermos excessivamente duros conosco por não termos feito o que nos propusemos nos faz voltar a nos sabotar em nossas atividades.[4]

Na prática, o que acontece é algo parecido com o ciclo que você verá a seguir.

---

[4] MCGONIGAL, K. **Os desafios à força de vontade**. Rio de Janeiro: Objetiva, 2014. *E-book*.

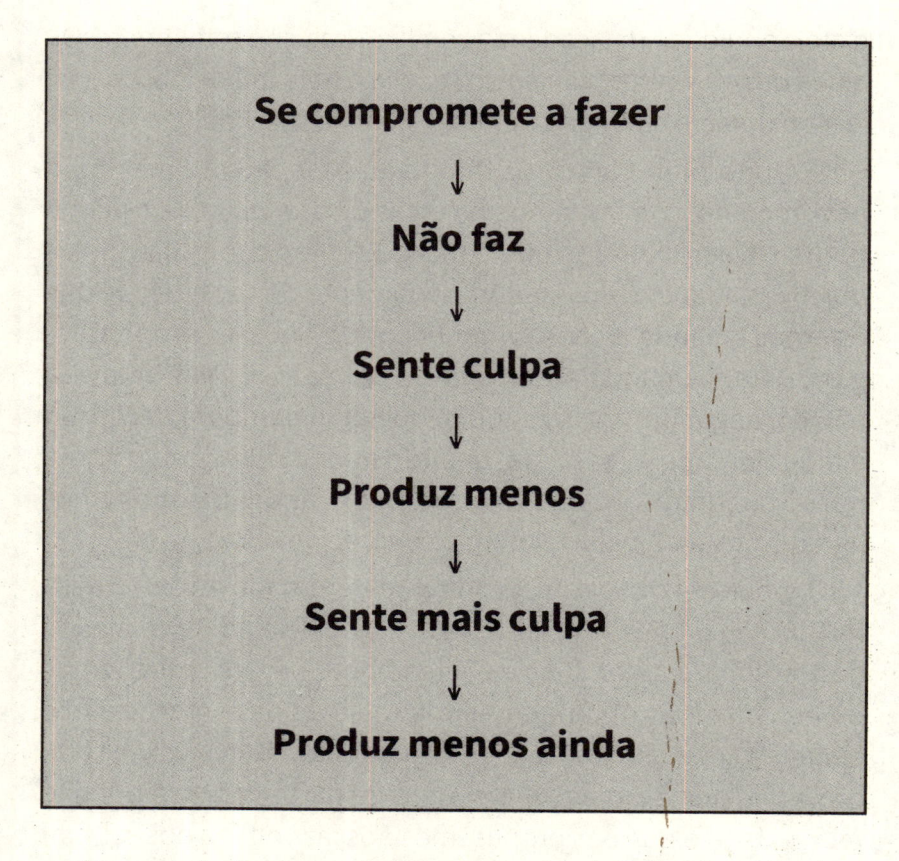

Se compromete a fazer

↓

Não faz

↓

Sente culpa

↓

Produz menos

↓

Sente mais culpa

↓

Produz menos ainda

Esse espiral descendente me lembra a história de Henrique, um aluno meu. Uma vez, Henrique me disse que tinha o sonho de ser aprovado em um concurso público. Ele decidiu, então, se programar para estudar seis horas por dia, algo que nunca conseguia cumprir. Para mostrar o que acontecia com ele, descreveu um de seus dias: quando se sentou para realmente estudar, sentiu um impulso muito forte de organizar a mesa primeiro, pois estava muito bagunçada. Como justificativa para si próprio, ele disse que com a mesa organizada produziria melhor. Uma hora depois, já com a mesa organizada,

A autocrítica e o julgamento negativo que temos de nós mesmos diminuem ainda mais a nossa motivação e energia para realizar as tarefas.

resolveu fazer uma rápida parada para tomar água e checar as mensagens do celular, mais trinta ou quarenta minutos se passaram. Resumindo, quase duas horas de estudo já tinham ido embora.

Ele olhou para o relógio e percebeu que, mesmo que ficasse focado daquele momento em diante, não conseguiria estudar as seis horas que havia planejado. Sentiu frustração e culpa por não ter começado na hora que determinou e acabou tomando a difícil, porém reconfortante, decisão, de que aquele dia não deu, mas no seguinte começaria. Só que no dia seguinte também não deu, e ele estava vendo, mais uma vez, outro sonho seu escorrer por entre seus dedos.

Por mais duro que possa parecer, esse padrão de se comprometer a fazer algo, mas na hora H acabar adiando o que importa para fazer uma outra tarefa no lugar da primeira tem um nome: *procrastinação*, que é o hábito de deixar para depois. Na prática, procrastinar é passar tarefas menores e de menor importância na frente de outras que eram mais importantes e que deveriam ser feitas naquele momento, até que o dia vai passando e não dá mais tempo de fazer o que deveria ser feito hoje e, então, aquilo que era mais importante fica para amanhã.

É claro que procrastinar uma tarefa ou outra faz parte da vida de praticamente todos os seres humanos, e confesso que era parte recorrente da minha. Mas não é disso que estamos falando. A preocupação aqui é quando um dia de procrastinação se transforma em uma semana, que pode se transformar em um mês, um ano, ou mesmo em uma vida de procrastinação; em uma vida em que adiamos aquilo que realmente importa para nós e para a nossa família. O problema é que algumas pessoas procrastinam tanto para amanhã que podem chegar ao ponto de não ter mais um amanhã para realizar os sonhos que tanto desejaram e terão que se conformar com uma vida muito aquém do que realmente desejavam para si mesmas.

MUITO MAIS DO QUE SÓ DEIXAR PARA DEPOIS

Dr. Joseph R. Ferrari, professor da Universidade DePaul, em Chicago, na décima edição da Conferência de Pesquisas sobre Procrastinação, definiu a procrastinação, em tradução livre, como "o adiamento intencional e frequente de iniciar ou concluir uma tarefa ao ponto de experimentar desconfortos subjetivos, como ansiedade e arrependimento".[5]

A origem da palavra procrastinação é associada ao verbo em latim *procrastinare*, que significa "adiar até amanhã", mas também a um termo grego antigo, *akrasia*, que quer dizer "fazer algo contra o nosso bom julgamento".[6] Essas definições trazem informações muito importantes. Ao procrastinar, sabemos que deveríamos fazer outra coisa, mas optamos por substituir a tarefa principal por outra, mesmo sabendo que isso poderá ter consequências negativas.

---

5 MURPHY, H. What we finally got around to learning at the procrastination research conference. **The New York Times**, 21 jul. 2017. Disponível em: https://www.nytimes.com/2017/07/21/science/procrastination-research--conference.html. Acesso em: 05 jun. 2023.

6 LIEBERMAN, C. Why you procrastinate (it has nothing to do with self-control). **The New York Times**, 25 mar. 2019. Disponível em: https://www.nytimes.com/2019/03/25/smarter-living/why-you-procrastinate-it-has-nothing--to-do-with-self-control.html. Acesso em: 05 jun. 2023.

Quando o comportamento se torna repetitivo e constante, pode abrir caminho para que, como afirmou Ferrari, a procrastinação se torne a marca registrada de alguém, e essa pessoa se torne uma procrastinadora crônica. Alguém que, segundo Julia Elen Haferkamp, psicóloga da Universidade Münster, "atrasa tarefas quase todos os dias, pelo menos durante a metade de suas atividades".[7] Esse padrão comportamental pode ter impactos negativos graves porque a procrastinação crônica não apenas atrapalha o cumprimento de prazos, como também cria barreiras para que aquela pessoa não alcance os seus objetivos de vida.[8]

Esse é um ciclo que pode se tornar tão automático que as pessoas presas a ele perdem não apenas os prazos de seus compromissos, mas também a credibilidade diante dos outros. Isso acontece porque a procrastinação crônica aumenta os níveis de estresse, piora o padrão de sono e, além de afetar a produtividade, prejudica também os nossos

---

7 DOMENICO, M. Você é um adiador crônico? Saiba como resolver. **VC S/A**, 23 dez. 2019. Disponível em: https://vocesa.abril.com.br/carreira/voce-e-um-procrastinador-cronico-saiba-como-resolver/. Acesso em: 05 jun. 2023.

8 Joseph Ferrari analisou, em uma pesquisa publicada em 1994, o comportamento de 263 pessoas adultas, e identificou como a procrastinação crônica se relacionava com a dependência de outros para tomada de decisão e disfunções em relação à autoestima. FERRARI, J. R. Dysfunctional procrastination and its relationship with self-esteem, interpersonal dependency, and self-defeating behaviors. **Personality and individual differences**, v. 17, n. 5, p. 673–679, 1994. Disponível em: https://www.sciencedirect.com/science/article/abs/pii/0191886994901406. Acesso em: 3 jul. 2023.

relacionamentos.[9] Infelizmente, é muito comum não termos a exata dimensão de como a procrastinação nos prejudica.

Em 2023, foi publicado um estudo realizado com mais de 3.500 estudantes universitários da Suécia. Entre agosto de 2019 e dezembro de 2021, os alunos de oito universidades diferentes foram acompanhados para entender como a procrastinação estava associada a uma piora na saúde física e mental. A partir de uma estatística média que diz que cerca de 50% dos estudantes têm uma relação problemática com a procrastinação, os participantes do estudo foram acompanhados durante um ano com *follow-ups* a cada três meses. No mapeamento, o que o estudo identificou é que, no curtíssimo prazo, é muito difícil ver o impacto da procrastinação na vida dos estudantes, mas, quando é feita a análise do impacto no fim de um ano letivo (a partir do nono mês), eles perceberam que, quanto maiores os níveis de procrastinação, maior a piora na saúde mental. Alguns alunos também apresentaram sintomas de depressão, ansiedade e estresse, além de questões físicas causadas por má qualidade do sono e falta de atividade física.[10]

---

9 Fuschia M. Sirois, professora de Psicologia da Universidade de Sheffield, explicou à *BBC* que, ao procrastinar, "fazemos uma escolha consciente e intencional de adiar algo que possa despertar dúvidas, insegurança, medo ou sentimentos de incompetência". JOHANSON, M. Por que deixamos sempre as pequenas tarefas para depois. **BBC News Brasil**, 1 maio 2021. Disponível em: https://www.bbc.com/portuguese/vert-cap-56717034. Acesso em: 05 jun. 2023.

10 JOHANSSON, F. *et. al.* Associations between procrastination and subsequent health outcomes among university students in Sweden. **JAMA network open**, v. 6, n. 1, 2023. Disponível em: https://jamanetworkopen.com/journals/jamanetworkopen/article-abstract/2800006. Acesso em: 05 jun. 2023.

Enfrentar a procrastinação é urgente. Não estamos falando de autoajuda barata, de que seus sonhos não serão realizados ou você não terá o carro ou a casa que deseja. Estou falando que a procrastinação tem poder de afetar a sua vida em praticamente todos os aspectos dela. Ela prejudica o seu crescimento profissional, a sua prosperidade financeira, destrói relacionamentos e faz com que as pessoas adiem os cuidados com a saúde até que não haja mais tempo de reverter os diagnósticos. Isso só para citar alguns exemplos.

OS ESTÁGIOS DA DESESPERANÇA

Uns anos atrás, eu estava participando de um treinamento nos Estados Unidos e encontrei um casal. O marido estava muito empolgado porque dizia ser meu fã no Brasil e começou a contar de maneira efusiva sobre um projeto ao qual daria início *logo*. Enquanto ele falava e desenhava todos os próximos passos desse ambicioso projeto, percebi que a esposa estava ao seu lado se sentindo claramente muito desconfortável. Ela olhava para os lados, quase como se estivesse tentando se desconectar daquela situação. Esperei o marido concluir seu raciocínio, virei para esposa e perguntei: "Quantas vezes ele já falou que realizaria este projeto?". Ela respondeu, impaciente: "Todos os dias da vida dele".

Talvez você possa até pensar: *Poxa, essa esposa não está apoiando o seu parceiro como deveria*. No entanto, essa aparente falta de apoio é, na verdade, um reflexo do que eu chamo de *estágios da desesperança*. São quatro.

Estágio 1: todos acreditam que você fará o que disse. Nesse estágio, tudo ainda parece bem. Você faz promessas e planos, e os que estão ao seu redor acreditam na concretização dessas ações. Eles incentivam, celebram com você só de imaginar o dia em que conquistará o que acabou de contar. Você se sente bem e as pessoas também.

Estágio 2: as pessoas começam a duvidar das suas promessas. Você já falou tantas vezes que faria – e não o fez –, que começam a não acreditar mais que determinada promessa ou sonho realmente se concretizará. Na cabeça das pessoas, começa a passar o pensamento: *Mas ele já disse isso antes, será mesmo que agora vai fazer ou só está mais uma vez dizendo algo que não vai realizar?*

Estágio 3: já foram tantas vezes que você disse, prometeu que dessa vez seria diferente e não cumpriu, tantas metas de ano novo que não chegaram nem em fevereiro que, quando mais uma vez você descreve o seu plano, até o tom de voz não é mais tão confiante. Não tem mais aquele brilho das outras vezes em que o projeto foi contado e recontado. Neste momento, nem mesmo você nem as pessoas ao redor acreditam verdadeiramente que essa nova promessa se concretizará em qualquer medida que seja.

Estágio 4: enquanto no estágio 3 você ainda acredita que é possível sair dessa situação, ainda busca treinamentos e modos de vencer a procrastinação, no estágio 4, você está tão desacreditado que aceitou que não é possível virar o jogo. É o estágio máximo de não ter mais esperança em si mesmo. Nele, é possível que a pessoa precise de ajuda terapêutica de um psicólogo.

Não sei se você já começou a trilhar os perigosos estágios da desesperança que acabei de descrever, mas acredite, se

não reverter a procrastinação, em algum momento, os estágios darão seus primeiros sinais. O primeiro deles começa com uma simples percepção de que as pessoas ao redor já não ficam tão animadas com suas ideias e projetos e, se nada mudar, pode culminar com a desesperança completa de que um dia essa situação de *falar e não fazer* vá mudar.

A primeira grande questão que precisamos enfrentar juntos é que, se procrastinar é tão ruim e sabemos que é algo que nos prejudica, por que simplesmente não focamos o que importa e paramos com esse comportamento de deixar as coisas para depois?

PROCRASTINAR NÃO É UMA ESCOLHA RACIONAL

Em um estudo publicado em 2013,[11] os autores analisaram a procrastinação como uma estratégia para regular as emoções e o humor no curto prazo, e destacaram que a procrastinação é uma resposta para a urgência de lidar com emoções negativas.

O estudo sugere a procrastinação como uma dissociação entre nosso *eu do presente* e o *eu do futuro.* É como se estivéssemos tentando proteger o nosso *eu do presente* de sentimentos desagradáveis que podem surgir por meio das tarefas chatas, difíceis ou desafiadoras que temos a fazer. Então, para fugir da insegurança, do medo, da ansiedade que

11 SIROIS, F.; PYCHYL, T. Procrastination and the priority of short-term mood regulation: Consequences for future self: Procrastination, mood regulation and future self. **Social and Personality Psychology Compass**, v. 7, n. 2, p. 115–127, 2013. Disponível em: https://eprints.whiterose.ac.uk/91793/1/Compass%20 Paper%20revision%20FINAL.pdf. Acesso em: 05 jun. 2023.

aquela atividade nos gera, nós optamos por fazer outra que vai nos trazer prazer imediato.

Em vez de estudar por seis horas, acabo optando por arrumar a mesa. Bem na hora de fazer a declaração do imposto de renda, resolvo organizar aquela gaveta que passou o ano todo bagunçada, mas justamente agora me deu vontade de colocar em ordem. Na hora de fazer um relatório chato do trabalho, resolvo verificar se chegou alguma mensagem importante no meu celular.

O problema é que, quando o *eu do futuro* chega, ele vira o *eu do presente,* e os sentimentos negativos em relação a nós mesmos chegam com mais força ainda. Então, para nos proteger deles, procrastinamos de novo. E de novo. E de novo.

É por isso que muitos pesquisadores afirmam que, quando analisamos a procrastinação crônica, analisamos um *comportamento irracional*. Isso porque, pela lógica racional, conseguimos definir o que precisa ser feito e o que deve ser mudado em nossa rotina para alcançar o que desejamos. No entanto, essa consciência não se transforma em ação.[12]

Não é que você e os outros 25 milhões de brasileiros e centenas de milhões ao redor do mundo *não queiram agir* ou tenham *preguiça*. Na verdade, é simplesmente a maneira como nosso cérebro funciona, e até hoje ninguém tinha ensinado um modo adequado de lidar com isso.

12   HAGHBIN, M.; MCCAFFREY, A.; PYCHYL, T. A. The complexity of the relation between fear of failure and procrastination. **Journal of Rational-Emotive and Cognitive-Behavior Therapy**: RET, v. 30, n. 4, p. 249–263, 2012. Disponível em: https://doi.org/10.1007/s10942-012-0153-9. Acesso em: 05 jun. 2023.

No próximo capítulo, você vai entender por que priorizamos a tarefa menos importante ou quebramos nossas promessas aqui no presente, apesar das consequências negativas para o futuro. Em outras palavras, porque quando estamos de dieta e sabemos que a mudança na alimentação é boa para nós, mas, ainda assim, acabamos comendo o brigadeiro que o amigo do trabalho ofereceu.

Se procrastinar é tão ruim e sabemos que é algo que nos prejudica, por que simplesmente não focamos o que importa e paramos com esse comportamento de deixar as coisas para depois?

AS ARMADILHAS DO CÉREBRO QUE NOS FAZEM PROCRASTINAR

"Hoje, podemos morar em apartamentos com geladeiras abarrotadas, mas nosso DNA ainda pensa que estamos em uma savana."

Yuval Noah Harari[13]

Nem na escola, nem na faculdade, nem no mestrado, nem mesmo na pós-graduação em Neurociência e Comportamento eu, Geronimo, fui treinado para entender como o cérebro realmente funciona para vencer a procrastinação. Nunca tive uma matéria sequer que me mostrasse as estratégias para ter mais foco e disciplina na busca por meus objetivos. Ao contrário, sempre me cobrei quando não realizava aquilo a que me propunha e dizia a mim mesmo: "Poxa, Geronimo, por que você diz que vai fazer, mas acaba não fazendo?". Se entendemos que a procrastinação é um comportamento irracional, por que ela tem tanta força sobre nós? Por que é tão difícil resistir às tentações e distrações do dia a dia? Para chegar à raiz disso, precisamos fazer uma viagem no tempo.

As descobertas científicas que temos atualmente revelam que os primeiros seres do gênero *Homo* surgiram há cerca de 2,5 milhões de anos na região que hoje é chamada de África Oriental. Esses seres humanos primitivos se espalharam pela África do Norte, Europa e Ásia e, no processo de adaptação ao clima e ambiente dessas regiões, evoluíram de maneira não linear em diversas espécies, como o *Homo*

13 HARARI, Y. N. **Sapiens**: uma breve história da humanidade. Porto Alegre: L&PM, 2015. p. 50.

neanderthalensis (os neandertais) e o *Homo erectus* (homem ereto, espécie que existiu por cerca de 1,5 milhão de anos) e nós, que somos *Homo sapiens*, surgimos há cerca de 200 a 300 mil anos.[14]

Nós nunca fomos a espécie mais forte no reino animal e, para sobreviver, tivemos que desenvolver estratégias para driblar os perigos de nossos predadores. Nosso maior aliado para isso não foram defesas como garras e força bruta, mas, sim, o desenvolvimento do nosso *grande* cérebro. E aqui não digo *grande* apenas no sentido do tamanho, mas de sua potência mesmo.

Nosso cérebro chega a ser três vezes maior do que o cérebro de outros primatas, como os gorilas e os chimpanzés. E, claro, isso demanda mais energia do nosso corpo. Enquanto o cérebro de um gorila, por exemplo, consome apenas 8% de energia do corpo quando está em repouso, o nosso usa 25%,[15] o que é uma quantidade enorme. Imagine que, na prática, isso significa que 1/4 de toda a sua energia é destinada exclusivamente para fazer o seu cérebro funcionar.

Este dado é muito importante para entendermos um fator fundamental: *fomos feitos para economizar energia*.

Uma das vantagens do nosso cérebro é que ele deu recursos para que nossos ancestrais se desenvolvessem de modo a evitar os perigos do ambiente hostil por meio de estratégias que nos fizessem, como espécie, ter o máximo de aproveitamento energético.

A neurocientista dra. Suzana Herculano-Houzel, autora do livro *A vantagem humana*, explica que o fator decisivo para que

---

14   HARARI, Y. N. **Sapiens**: uma breve história da humanidade. Porto Alegre: L&PM, capítulo 1, p.11-77, 2017.

15   *Ibidem*.

o nosso cérebro se tornasse tão potente foi o domínio do fogo no preparo dos alimentos.[16]

Os seres humanos são os únicos animais que transformam os alimentos radicalmente antes de consumi-los. E, ao cozinhar, não apenas diminuímos o esforço da mastigação e o tempo que nosso organismo leva para fazer a digestão, como também damos um salto no poder de absorção calórica saindo de 30%, quando comemos um alimento cru, para 100%, quando está cozido.[17]

Yuval Noah Harari reitera esse dado no livro *Sapiens* e diz que a domesticação do fogo ampliou a variedade de alimentos que os humanos poderiam consumir e lhes deu uma importante vantagem frente aos outros seres, uma que não era determinada pelo tamanho nem pela força do corpo humano. Com o fogo, os humanos podiam se manter aquecidos, podiam espantar animais ferozes e, em vez de dedicar horas para concluir uma refeição, podiam se alimentar em apenas uma hora.

Cozinhar então possibilitou que, com menos esforço, nossos ancestrais produzissem mais energia por um lado e, por outro, gastassem menos energia caçando, se alimentando e digerindo os alimentos.

Aliás, essa é uma vantagem muito significativa. Com um corpo mais franzino que os demais primatas, podíamos passar

---

16 HERCULANO-HOUZEL, S. **A vantagem humana**: como nosso cérebro se tornou superpoderoso. São Paulo: Companhia das Letras, 2017.

17 THE HUMAN advantage: a new understanding of how our brain became remarkable. 2016. Vídeo (4min44s). Publicado pelo canal Vanderbilt University. Disponível em: https://www.youtube.com/watch?v=ll3vr7YSIMM. Acesso em: 05 jun. 2023.

menos tempo caçando, menos tempo dormindo e mais tempo acordados "evoluindo", o que provavelmente nos deu a grande diferenciação na escala evolutiva. E, dentro dessa lógica, acabamos virando uma verdadeira máquina de repetir: tudo que fazemos mais de uma vez aumenta a probabilidade de virar um hábito, e isso será fundamental para entendermos os mecanismos da procrastinação e também a *cura* dela.

Além disso, outro comportamento importante de nossos ancestrais é que os *sapiens* viveram a maior parte da sua história como caçadores-coletores, alimentando-se com o que aparecia e com bastante variedade (fossem raízes, frutas maduras ou um pequeno animal desavisado). Ainda hoje existem grupos de caçadores-coletores modernos e seus hábitos dão pistas de como era a rotina dos primeiros *sapiens*. Harari afirma que:[18]

> [...] os caçadores-coletores que hoje vivem nos habitats mais inóspitos – como o deserto do Kalahari – trabalham, em média, 35-45 horas por semana. Eles caçam apenas uma vez a cada três dias, e a coleta leva não mais do que de três a seis horas diárias. Em épocas normais, isso é suficiente para alimentar o bando. É bem possível que os antigos caçadores-coletores vivendo em zonas mais férteis que o deserto do Kalahari gastassem ainda menos tempo obtendo alimento e matérias-primas. Além disso, eles tinham uma carga mais leve de tarefas domésticas: não tinham pratos para lavar, tapetes para limpar, pisos para polir, fraldas para trocar ou contas para pagar.

18 HARARI, Y. N. **Sapiens**: uma breve história da humanidade. Porto Alegre: L&PM, 2017. p 59.

Se entendemos que a procrastinação é um comportamento irracional, por que ela tem tanta força sobre nós?

O grande propósito de nossos ancestrais era sobreviver e perpetuar a espécie. Escolhendo o caminho mais simples, mais rápido e mais seguro para suprir as suas necessidades naquele exato momento.

Então, visualize a cena comigo: era outra manhã ensolarada na savana africana, em que um *Homo sapiens*, provavelmente algum antepassado nosso, estava andando em busca do alimento do dia para si e o seu grupo de pessoas. De repente, ele se deparava com duas árvores cheias de frutas maduras. Uma delas era de fácil acesso, podia colher frutas de modo fácil e imediato. A outra até parecia ter umas frutas mais bonitas, mas ficava no alto do penhasco, daria muito mais trabalho ter que escalar para conseguir acesso àquelas frutas. Qual árvore você acredita que nosso ancestral escolheria para colher as frutas: a mais fácil, mesmo que não tivesse as frutas mais apetitosas; ou aquela mais difícil que poderia até colocar em risco sua própria vida ao escalar o penhasco?

Bem, todas as evidências mostram que ele deve ter corrido para pegar o máximo de frutas da árvore mais baixa e de mais fácil acesso, já que ele não podia correr o risco de ser pego por um animal mais forte, para voltar mais rápido e com mais alimentos para o seu bando. Lembre-se: *menos esforço para ter mais energia e instinto de sobrevivência.*

Talvez, se você olhar um pouco mais de perto, perceba uma enorme semelhança com o que fazemos hoje. Muitas vezes, quando temos que escolher entre preparar uma refeição mais saudável, que leva muito mais tempo para ser comprada, preparada e consumida, e uma outra que é chamada de *fast-food ou comidas congeladas*, que você tem acesso praticamente de maneira imediata, muitas vezes mais atrativa e que é possível ser consumida mais rápido, a escolha de muitas pessoas é por estas últimas. É como se nosso cérebro voltasse ao passado para nos fazer repetir o padrão: coma o mais fácil, rápido e, de preferência, mais atrativo, mesmo que não seja o melhor no longo prazo. Em suma, estamos vivendo em um mundo contemporâneo, mas com um cérebro que ainda repete padrões de 200 mil anos atrás.

O problema é que existe uma diferença significativa nos dois momentos. Somos *Homo sapiens* muito similares aos nossos ancestrais, morando em um ambiente completamente diferente. Os padrões que nos fizeram sobreviver lá atrás agora estão nos matando. Enquanto no passado buscávamos o mais fácil para termos mais energia e sobrevivermos, hoje, esse modo de funcionamento natural, de buscar o mais fácil, gera a atitude de abrir mão do que realmente importa, para termos algum prazer imediato. O nome disso você já aprendeu, é procrastinação.

Uma explicação bastante lógica para esse fenômeno vem de Willian Martin Usrey, professor de Neurologia da Universidade da Califórnia em Davis, e Murray Sherman, professor de Neurobiologia da Universidade de Chicago, em seu estudo *Cortical control of behavior and attention from an evolutionary perspective* [controle cortical do comportamento e atenção sob uma perspectiva evolutiva, em tradução livre]. Eles demonstram que, de maneira geral, o processo de evolução do sistema nervoso que fez com que desenvolvêssemos o córtex, que é a parte mais recente do nosso cérebro, não substituiu as rotas antigas que são controladas pelas estruturas subcorticais, que ficam localizadas no interior do cérebro, e seguem ativas e funcionando. Ao longo do tempo, o cérebro foi adicionando novas camadas que são ativadas depois de passar por todas as conexões internas que herdamos de nossos ancestrais.[19]

Resumindo, somos uma máquina de 200 mil anos atrás, ativando os mesmos recursos que foram muito úteis para nossos ancestrais, mas que, hoje em dia, vive em um mundo completamente diferente daquele. Grosso modo, é como se fôssemos aquele tiozão que continua usando a roupa que fez sucesso trinta anos atrás, mas que agora está fora de moda, e ele ainda acredita que está abafando.

A ILUSÃO DE QUEM PAGARÁ A CONTA

Em 2015, a Microsoft realizou uma pesquisa no Canadá, com 2 mil pessoas, para entender como a vida digital estava impactando o comportamento dos consumidores. O estudo trouxe insights interessantes como o fato de que 77% dos jovens entre 18 e 24 anos responderam que, quando não há nada ocupando a sua atenção, a primeira coisa que fazem é pegar o celular. Além disso, os resultados da pesquisa mostraram que as pessoas que usavam as redes sociais em um nível excessivo no dia a dia tinham mais dificuldade para direcionar a atenção para algo específico e processar informações adequadamente para filtrar o que é realmente relevante.[20] Em outras palavras, o uso excessivo das redes sociais, que via de regra tem seu acesso feito pelo celular, gera uma maior dificuldade de ter foco e selecionar o que realmente importa daquilo que é apenas distração.

---

19 SHERMAN, S. M.; USREY, W. M. Cortical control of behavior and attention from an evolutionary perspective. **Neuron**, v. 109, n. 19, p. 3048–3054, 2021. Disponível em: https://www.sciencedirect.com/science/article/pii/S0896627321004621?dgcid=coauthor. Acesso em: 05 jun. 2023.

20 MICROSOFT. **Attention spans**: customer insights, Microsoft Canada. Canadá, 2015. Disponível em: https://sherpapg.com/wp-content/uploads/2017/12/MAS.pdf. Acesso em: 05 jun. 2023.

Quando o celular é a primeira coisa que pegamos quando surge um tempo livre ou começamos a mudar de tela para fugir de uma tarefa maçante, estamos em busca de uma novidade. É como se ativássemos nosso "cérebro oportunista", que quer atender uma necessidade imediatamente. Porque mesmo sabendo que adiar uma tarefa importante agora é ruim, nossa mente trapaceia.

O psicólogo e professor da Universidade da Califórnia em Los Angeles, dr. Hal Hershfield, estuda como a nossa percepção do tempo altera nossas emoções e influencia nossos julgamentos e decisões. Em uma de suas pesquisas, ele diz que vemos o nosso "eu do futuro" quase como outra pessoa. É como se disséssemos assim para nós mesmos: "Agora, eu escolho não fazer o que é importante para dar foco a algo mais simples e prazeroso, mesmo sabendo que no futuro isso pode gerar prejuízo". Nosso cérebro entende que quem vai ter que lidar com tudo isso e com as consequências da procrastinação será uma "outra pessoa".

Isso é bem sério, especialmente ao analisarmos que o futuro chegará inevitavelmente e, quando ele chegar, o "eu do futuro" se transformará no "eu do presente" e, no fim de tudo, quem pagará a conta, em qualquer hipótese, seremos nós.

UM JEITO DE FUGIR DAQUILO QUE PARECE UMA AMEAÇA

O cérebro humano é uma estrutura complexa com várias regiões que desempenham diferentes funções. Duas grandes categorias funcionais do cérebro incluem as áreas responsáveis pela cognição (pensamento, raciocínio) e as áreas envolvidas na regulação das emoções.

Para fins didáticos, vamos dividir essas duas partes em *cérebro racional*, que corresponde à parte mais lógica do cérebro, representada pelo neocórtex, e em *cérebro emocional*, que envolve principalmente o sistema límbico.

É importante lembrar que a distinção entre as partes "emocionais" e "racionais" do cérebro é apenas uma simplificação. Na realidade, essas áreas do cérebro estão altamente interconectadas e trabalham juntas para produzir emoções, pensamentos e comportamentos.

Entendendo isso, é comum ao ser humano ficar cansado pelos naturais desafios do dia a dia da vida moderna e pelo fato de que muitos se culpam ao determinar que vão fazer certa atividade naquele dia, mas no fim não conseguem realizar aquilo. Esse sentimento de frustração pode deflagrar episódios de estresse, o que ativa a área do cérebro em que estão localizadas as amígdalas, que além de ter uma importante função na regulação das emoções, é como se fossem nosso detector de ameaças pessoal.[21]

As amígdalas fazem parte do sistema límbico, que integra o que estamos chamando de cérebro emocional, e é uma das heranças de nossos ancestrais mais primitivos. Uma tarefa, ou o acúmulo delas, pode ser tão assustador que nosso cérebro responde como se estivesse fugindo de um leão na savana africana, fazendo com que a pessoa corra para uma atividade mais simples, que a faça se sentir segura ou substitua aquela sensação ruim por algo que gere prazer imediato.

Vamos aproveitar para fechar uma lógica rápida aqui. Adivinhe em quais momentos a maioria dos seres humanos que vivem nos

21 LIEBERMAN, C. Why You procrastinate (it has nothing to do with self-control). **The New York Times**, 25 mar. 2019. Disponível em: https://www.nytimes.com/2019/03/25/smarter-living/why-you-procrastinate-it-has-nothing-to-do-with-self-control.html. Acesso em: 05 jun. 2023.

nossos tempos acha esse prazer imediato que alivia a sensação ruim do estresse? Exatamente quando estão usando o celular. Seja por meio de redes sociais, joguinhos eletrônicos, aplicativos de mensagens instantâneas ou outras distrações mais simples que existem ao alcance das mãos.

Em um primeiro momento, procrastinar a tarefa chata traz um alívio, muitas vezes, imediato para o *eu do presente*, mas é um grande problema para o *eu do futuro,* que terá que lidar com o fato de mais uma vez a pessoa não ter feito o que deveria, acumulando a tarefa adiada com as demais que já tinham ficado atrasadas nos dias anteriores e, pior ainda, somando tudo isso à diminuição gradativa da confiança dos outros e da sua própria autoconfiança.

Se for o seu caso, calma! É por isso que escrevi este livro. Ainda estamos na fase da compreensão do problema para depois entrarmos na solução. Quando um carro para de funcionar, a primeira missão é entender qual é o problema, para só depois iniciar o reparo. É exatamente o que estamos fazendo, identificando o problema para depois consertarmos.

A EQUAÇÃO DA PROCRASTINAÇÃO

Outro dia me enviaram um meme de uma criança supostamente provando sorvete pela primeira vez. Ela literalmente virou os olhinhos para cima de tão prazerosa que foi aquela experiência para ela. Então, ela segurou o potinho bem firme, com as duas mãos, e lutava para não deixar a mãe afastar aquela maravilha de perto da sua boca.

Quando experimentamos algo que nos gera prazer e satisfação, quem aparece é a dopamina, um neurotransmissor ligado ao sistema de recompensa. Ou seja, o cérebro libera uma determinada quantidade dessa molécula que nos faz sentir bem, motivados, de bom humor. E quanto mais dopamina alguma coisa ou uma atitude nos faz liberar, seja um hábito, um alimento, ou outra atividade prazerosa, mais daquilo vamos desejar.

Voltando à criança do meme, o que ela experimentou quando provou o sorvete pela primeira vez foi uma bela descarga de dopamina que a fará desejar profundamente comer mais daquilo sempre que avistar um potinho similar. Não é incomum vermos crianças no shopping apontando para uma loja de sorvetes e chorando por uma bola daquela maravilha. Se consegui ser claro, você já entendeu que a dopamina está diretamente relacionada ao nosso desejo de fazer algo, seja esse objetivo bom ou ruim.

Um segundo elemento que será fundamental para o restante da nossa jornada para vencer a procrastinação é entender que um dos traços mais comuns relacionados a ela é a impulsividade. Vários estudos tentaram entender as semelhanças e diferenças entre procrastinar e agir por impulso e, entre todas as descobertas, temos o fato de que, embora nos dois casos a pessoa esteja agindo em favor do curto prazo, as motivações para uma coisa ou outra são diferentes.

Os procrastinadores agem para uma reparação emocional no curto prazo, para se livrar das emoções ruins que alguma tarefa chata ou desafiadora traz. Por sua vez, quem se perde nas tarefas por uma reação rápida e impulsiva de ceder à tentação da distração o faz porque quer antecipar um sentimento de recompensa e, muitas vezes, sequer reparou que, impulsivamente, mudou de uma tarefa para outra.[22]

Embora pareça uma diferença sutil, em breve você entenderá a importância de reconhecer o que está buscando quando foge do que deveria ser feito, e que essa atitude traz informações muito importantes para que você possa se comprometer com uma mudança efetiva. Mais à frente voltaremos ao tema para entender se o seu hábito de procrastinar deriva de evitar uma tarefa chata e desafiadora ou de um ato impulsivo quase que automático de simplesmente pular de uma tarefa para outra.

Preciso que você preste muita atenção neste tema, pois a gestão adequada da dopamina será peça fundamental para você vencer a procrastinação, e precisamos falar sobre mais um fator importante. Anna Lembke, professora de Psiquiatria e Medicina do Vício da Faculdade de Medicina da Universidade Stanford, em seu livro *Nação dopamina* diz que "a definição genérica de *vício* é o consumo contínuo e compulsivo de uma substância ou comportamento (jogos, videogame, sexo), apesar do mal que fazem para a pessoa e para os outros".[23] E, nesse quesito, a tecnologia e todo o aparato dos aplicativos com suas interações hiperestimulantes podem se enquadrar perfeitamente nessa definição.

---

22   LIU, P.; FENG, T. The overlapping brain region accounting for the relationship between procrastination and impulsivity: a voxel-based morphometry study. **Neuroscience**, v. 360, p. 9–17, 2017. Disponível em: https://sci-hub.se/10.1016/j.neuroscience.2017.07.042. Acesso em: 05 jun. 2023.

23   LEMBKE, A. **Nação dopamina**: por que o excesso de prazer está nos deixando infelizes e o que podemos fazer para mudar. São Paulo: Vestígio, 2022. *E-book*.

E, como grande parte dos vícios conhecidos, aquilo que começa em pequenas doses, aos poucos domina toda a nossa vida e suga a nossa energia. E quanto mais acessível é uma droga, seja física ou digital, mais fácil é extrapolamos o seu consumo. Em outras palavras, desde o vício em cigarros, joguinhos eletrônicos, apostas e tantos outros, teremos como fator chave a busca por novas descargas de dopamina que esse vício gera. Como agravante a tudo isso, com o tempo, nosso sistema tende a se saciar da dopamina mais farta, rápida e fácil de conseguir.

Vamos juntar tudo o que vimos até agora.

Lembra que os nossos ancestrais buscavam a fruta mais acessível, para economizar energia, se saciar e alimentar seu grupo? Então, quando encontravam uma árvore frondosa e repleta de frutos maduros ou caçavam um pequeno animal, nossos ancestrais experimentavam a liberação da dopamina, que os fazia repetir o ato de caçar e coletar alimentos no dia seguinte, obtendo uma sensação de prazer.

O problema é que hoje não escolhemos entre a fruta mais fácil e a mais difícil de ser coletada. Hoje, o processo de escolha está entre passar quarenta minutos se distraindo e recebendo descargas de dopamina na rede social ou fazer aquela tarefa chata do trabalho que nos fará ter a promoção que tanto desejamos. Ou, ainda, escolher entre o videogame, com jogos viciantes e desenhados para gerar dopamina em abundância, ou trabalhar nas horas vagas para tirar aquele projeto tão desejado do papel. A batalha é quase desumana.

Ou seja, a dopamina tem o propósito de nos mover adiante para realizar nossos desejos e necessidades. Ela é tão poderosa que eu a chamo de *molécula da motivação*. Mas, quando toda a gestão desse importante neurotransmissor gira ao redor da busca pelo prazer imediato e as consequências negativas virão somente depois, agravada pelo fato de a nossa mente ver o nosso *eu do futuro* como uma outra pessoa, para o cérebro parece muito óbvia a escolha por procrastinar os desafios do dia a dia e dar uma rápida olhadinha no celular *versus* realizar aquilo que causa sensações desconfortáveis.

RESISTIR ÀS TENTAÇÕES É MUITO DIFÍCIL

Chris Bailey, autor do livro *Hiperfoco,*[24] sentiu na pele o impacto negativo do excesso de estímulos digitais, e resolveu investigar a fundo a fim de decifrar porque somos levados por tantas distrações que nos fazem pular de uma tarefa para outra. Em seu livro, ele traz evidências de que, em média, as pessoas mudam de foco a cada 40 segundos e, pior ainda, esse tempo diminui para 35 segundos se estiverem com algum aplicativo de mensagem como Slack, Teams e WhatsApp aberto. Você entendeu bem esse resultado? As pessoas que passaram pela experiência *perdiam o foco a cada 40 segundos, de modo reiterado, ao longo de um dia inteiro.* Isso não só é sério, como é desesperador, se presumirmos que o foco é um elemento essencial para cumprirmos nossas tarefas e desafios dentro do prazo desejado.

Quando não somos ensinados sobre o funcionamento desta máquina tão poderosa que é o cérebro, tentamos o tempo inteiro vencer na força de vontade, mas, como veremos no

---

24 BAILEY, C. **Hiperfoco**: como trabalhar menos e render mais. São Paulo: Benvirá, 2018.

capítulo seguinte, a força de vontade acaba, ela é finita e, quando termina, os projetos ficam pelo caminho e nos culpamos por isso, o que diminui ainda mais nossa já escassa determinação de ficarmos focados no que importa.

Exercício

Como conhecimento sem ação é como celular sem bateria, não serve para quase nada, proponho uma rápida dinâmica ao fim deste capítulo.Primeiro, faremos um rápido exercício para ter certeza de que você tem tudo de que precisa para continuar na jornada deste livro. Em seguida, vamos começar a desenhar o seu plano de ação e vitória sobre a procrastinação.

DESAFIO

1. Qual é o nome do neurotransmissor, também conhecido como molécula da motivação, que ajudava nossos ancestrais a caçar e coletar, e que hoje está envolvida em alguns vícios e, muitas vezes, nos faz escolher mexer no celular em vez de fazer aquela tarefa chata do trabalho?

   a. Neocórtex.
   b. Cérebro racional.
   c. Dopamina.

2. Com base neste capítulo, qual das afirmações a seguir é verdadeira?

   a. Nossos ancestrais tinham como padrão buscar as frutas mais difíceis e saborosas das árvores. Nós que, na evolução da espécie, perdemos esse desejo.

b. Nossos ancestrais buscavam as frutas mais fáceis para poupar energia e evitar predadores como forma de sobrevivência. O problema é que somos muito parecidos com eles, mas vivendo em um ambiente totalmente diferente. O que no passado nos manteve vivos, hoje tem nos levado a procrastinar.

3. Segundo pesquisa mencionada neste capítulo, qual é o principal item que jovens pegam quando se sentem ociosos?

    a. Um livro.

    b. O controle da televisão.

    c. O celular.

As respostas estarão logo depois do exercício que estou propondo para sua caminhada rumo à vitória sobre a procrastinação. Para que você se torne um especialista em falar e fazer.

RETOME OS SEUS PROJETOS

Na próxima página, anote os três projetos mais importantes que você desejou realizar nos últimos anos, mas que, por desconhecimento ou falta da técnica correta, acabaram não saindo do papel ou até foram iniciados, mas ficaram pelo caminho.

Talvez você tenha tentado emagrecer, fazer atividade física, aprender um novo idioma, alcançar uma nova posição profissional ou fazer uma transição de carreira. Talvez você tenha comprado um curso on-line que não concluiu ou não colocou em prática. Não sei exatamente qual é o seu caso, mas ter clareza do momento em que erramos no passado pode ajudar nosso *eu do presente* a se comprometer com a coisa certa, em vez de deixar tudo na conta do *eu do futuro*.

Projeto 1

Projeto 2

Projeto 3

A dopamina tem o propósito de nos mover adiante para realizar nossos desejos e necessidades.

Capítulo

3

QUANDO AS CONQUISTAS PARECEM DISTANTES DEMAIS

"Lembre-se a todo momento de que uma das decisões mais importantes que você pode tomar todos os dias é resolver o que fará imediatamente e o que deixará para depois."

Brian Tracy[25]

ogo que passei a morar nos Estados Unidos, observei uma batalha cruel e injusta acontecendo em tempo real diante dos meus olhos. Em um primeiro momento, encantado pela facilidade de comidas extremamente gostosas, fáceis de comprar e por um preço muito acessível, eu me deixei ser levado pelos sorvetes, tortas, comidas congeladas, restaurantes fast-food em cada esquina e, em alguns poucos meses, alcancei o maior peso da minha vida. A coisa foi tão séria que no primeiro check-up que fiz depois da minha chegada aos Estados Unidos, eu estava com praticamente todas as minhas taxas alteradas: triglicérides, colesterol, ácido úrico, glicose e algumas outras estavam muito acima do recomendado pelos médicos.

O resumo dessa fase foi: eu comia o que queria, não fazia atividade física, tinha prazer imediato ao comer tudo aquilo e o resultado negativo só começou a aparecer meses depois.

Logo que tive acesso ao resultado dos meus exames decidi que mudaria aquele cenário e passei a trilhar o caminho exatamente oposto ao que tinha sido minha rotina inicial. Parei de comer todas

---

25 TRACY, B. **Comece pelo mais difícil**. Rio de Janeiro: Sextante, 2007. *E-book.*

aquelas guloseimas, comecei a acordar mais cedo para malhar, fiz jejum intermitente e várias outras medidas desafiadoras.

E o resumo dessa nova fase foi: eu me sacrificava todos os dias, mas o prazer do resultado só começaria a aparecer muito depois.

Ou seja, se existisse um cartaz anunciando essa luta, ele seria mais ou menos assim:

DE UM LADO:		DO OUTRO LADO:
Tome SORVETE com calda quente de chocolate, tenha um prazer ENORME e IMEDIATO e fique tranquilo: o resultado negativo só virá muito depois.	X	Acorde cedo para malhar, abra mão de comidas industrializadas como o sorvete e um monte de outras coisas. E, claro, o prazer de ver o resultado só virá se você persistir por muito e muito tempo.

Se o nosso cérebro, que você já aprendeu que tende a buscar a dopamina mais fácil e farta, fosse o jurado desse combate, não tenho a menor dúvida de que o sorvete venceria na maioria das vezes.

Embora a batalha que eu acabei de descrever fosse entre uma vida saudável e a comida industrializada cheia de gordura e açúcares, que inundam o cérebro com dopamina, o mesmo vale para a batalha do celular *versus* uma tarefa chata do trabalho. Concluir o trabalho de conclusão de curso (TCC) da faculdade *versus* jogar videogame. Preparar a documentação do imposto de renda *versus* a desculpa de organizar a mesa antes. A lógica é sempre a mesma, a procrastinação que vem da distração com algo que gera o prazer imediato *versus* manter o foco no que importa para ter prazer "só" lá no futuro.

Tendo isso claro, a pergunta é: como virar o jogo? Como parar de adiar os seus sonhos e encontrar a hora e o ritmo certos para fazer as coisas acontecerem? Qual a estratégia para assumir o comando, saindo da posição de espectador e tendo protagonismo real na própria vida para que as coisas mais importantes para você se tornem prioridade? Como se tornar uma pessoa que fala e faz?

Preciso dar duas notícias a você. A primeira é que, infelizmente, mesmo havendo promessas milagrosas na internet para a cura definitiva da procrastinação, ela não existe. Não existe uma reprogramação mental que vá fazer o seu cérebro se transformar e parar de querer o prazer imediato seguindo o caminho mais fácil. Porém, antes que você se decepcione por ter comprado um livro que não vai entregar a pílula mágica para você se tornar alguém à prova de procrastinação e se distraia checando se chegou alguma mensagem nova no celular, deixe eu lhe dar a segunda notícia: *a procrastinação é um hábito e, como todo hábito, ela pode ser modificada*.

Agora, o que eu considero a melhor parte disso tudo: *você não precisa vencer a procrastinação o tempo todo e todas as vezes*. É isso mesmo. Você só precisa ter técnicas para passar a vencê-la mais vezes do que atualmente perde para ela. Tem técnica para isso, e eu vou lhe ensinar.

PEQUENOS PASSOS TORNAM SONHOS GRANDES EM REALIDADE

Novak Djokovic é um dos maiores tenistas da história do esporte. Seus feitos o fizeram cravar um lugar de destaque no

topo do ranking mundial de tênis masculino. E a maneira como ele fez isso é surpreendente.

Djokovic tornou-se tenista profissional em 2004 e, naquele momento, ocupava o 680º posto como atleta no ranking mundial da categoria. Em três anos, ele subiu para a terceira posição. Deixou de ganhar 250 mil dólares por ano e passou a receber 5 milhões de dólares por ano. Em 2011, foi considerado o número um do mundo, com uma renda anual de 14 milhões de dólares, um crescimento estrondoso em termos de resultado. Estamos falando de uma diferença de mais de cinquenta vezes em relação ao que ganhava no seu primeiro ano como jogador profissional.

Ao analisar a trajetória esportiva de Djokovic, o escritor e palestrante Stephen Duneier apresentou um estudo de quais foram os elementos que fizeram o tenista ter um desempenho tão formidável. No início da carreira profissional, Djokovic ganhava 49% das partidas que disputava. Alguns anos depois, quando alcançou a liderança, ganhava 90% dos jogos.[26]

Um resultado surpreendente, não é mesmo? Mas o que realmente me surpreende não é isso.

Apesar do que esses números tendem a nos fazer imaginar, sair da posição 680º para o terceiro lugar e, em seguida, para o primeiro, exigiu de Novak Djokovic apenas que ele controlasse uma simples caractetística das próprias ações para aumentar a probabilidade de se tornar o vencedor das partidas. Quando ele ganhava 49%

---

26 HOW to achieve your most ambitious goals | Stephen Duneier | TEDxTucson. 2017. Vídeo (17min52s). Publicado pelo canal TEDx Talks. Disponível em: https://www.youtube.com/watch?v=TQMbvJNRpLE&ab_channel=TEDxTalks. Acesso em: 5 out. 2022.

das suas partidas, ganhava 49% dos pontos disputados. Para se tornar o terceiro melhor do mundo, ele passou a ganhar 52% dos pontos. Para se tornar o número um, ele precisou aumentar seu nível de acerto para apenas 55% dos pontos da partida.

Caso não tenha ficado totalmente claro, ele melhorou a sua performance em poucos pontos percentuais, saindo de 49% de acertos para 55%, e isso o fez sair de 680° no ranking para o primeiro lugar. Djokovic não precisou fazer uma mudança absurda do próprio estilo ou qualquer coisa parecida, ele não precisou vencer todos os pontos da partida e se tornar uma pessoa infalível, ele trabalhou para aumentar as suas chances de vitória e, para isso, precisou apenas de seis pontos percentuais a mais de desempenho. Aplicou pequenas melhorias que estavam sob seu controle para conquistar o que, em um primeiro momento, parecia estar longe demais. E esse não é um caso isolado.

Dave Brailsford foi o diretor de performance responsável por mudar de patamar o ciclismo olímpico na Grã-Bretanha. E ele fez isso a partir da teoria de *ganhos marginais.* Em 1996, o ciclismo britânico passava por uma baita crise. O time participou dos Jogos Olímpicos de Atlanta e voltou apenas com duas medalhas de bronze. Em casa, não tinha verba sequer para pagar a conta de luz do velódromo nacional, uma pista específica para a prática do esporte. Dave Brailsford juntou-se ao time em 2003 para apoiar toda a equipe técnica e os treinadores que trabalhariam diretamente com os atletas.

A partir de 2008, os resultados surpreendentes começaram a aparecer. Nas olimpíadas de 2012, a equipe ganhou oito medalhas de ouro, algo que nenhum outro país conseguiu.

Quebraram sete recordes mundiais e nove recordes olímpicos.[27] No mesmo ano, pela primeira vez na história, um ciclista britânico venceu a Tour de France, principal competição mundial de ciclismo.[28]

Esse salto que mudou completamente a maneira como o mundo todo passou a enxergar o ciclismo britânico foi possível a partir da busca pela melhora de 1% em cada aspecto possível. Desde o desempenho e as características de cada atleta, até os equipamentos, a rotina, as roupas... absolutamente em todos os quesitos, ele e toda a equipe passaram a se perguntar: *qual é a pequena melhoria que podemos fazer aqui?*

Ele mesmo disse, em uma entrevista, que "não importa quão pequena seja a melhoria, o hábito vai nos energizar e criar uma cultura de melhoria contínua. Assim, passamos a transformar o sonho, que é algo distante, em alvo, objetivos que conseguimos alcançar."[29]

Para Brailsford, mais do que uma técnica, o ganho marginal é uma filosofia que pode ser aplicada em todas as áreas da vida. Ele diz que o caminho é "esquecer a perfeição; focar o

27 CLEAR, J. This coach improved every tiny thing by 1 percent and here's what happened. Disponível em: https://jamesclear.com/marginal-gain. Acesso em: 12 jul. 2023.

28 DETALHES tão pequenos: os ajustes que transformaram o ciclismo britânico em força global. **GE Globo**, 25 set. 2020. Disponível em: https://ge.globo.com/olympicchannel/noticia/detalhes-tao-pequenos-os-ajustes-que-transformaram-o-ciclismo-britanico-em-forca-global.ghtml. Acesso em: 05 jun. 2023.

29 SIR DAVE Brailsford - the 1% factor. 2016. Vídeo (3min59s). Publicado pelo canal London Business Forum. Disponível em: https://www.youtube.com/watch?v=NQxYlu12ji8. Acesso em: 05 jun. 2023. Em tradução livre.

progresso e implementar a melhoria. São coisas pequenas, mas se você as juntar, elas farão uma grande diferença".[30]

Ele analisou o grande plano – colocar a equipe de ciclismo no radar e levá-la a novos patamares de performance – e transformou isso em pequenos objetivos individuais e coletivos. O segredo do sucesso da equipe de ciclismo britânica não foi resultado de uma transformação que os tornou infalíveis, ao contrário, os tornou atentos a como eles poderiam diminuir os obstáculos para que seu desempenho fosse melhor.

O que quero mostrar é que tornar o seu sonho mais ambicioso em realidade não exige que você se torne uma pessoa 100% produtiva, vencendo a procrastinação em todos os momentos da vida. Você só precisará fazer ajustes que tirem a maior parte possível de obstáculos da sua rotina e ter uma nova abordagem com as suas metas, desejos, sonhos e tarefas do dia a dia.

UMA TAREFA MAIS ADEQUADA AO SEU NÍVEL DE ENERGIA

Nas próximas linhas, você vai compreender o começo da solução para esse grande problema da humanidade. Basicamente, existem duas valências relevantes que seu cérebro leva em consideração para tomar a decisão entre fazer o que precisa ser feito ou procrastinar e realizar outra tarefa mais

---

30 HARRELL, E. How 1% performance improvements led to olympic gold. **Harvard Business Review**, 20 out. 2015. Disponível em: https://hbr.org/2015/10/how-1-performance-improvements-led-to-olympic-gold. Acesso em: 4 jul. 2023.

simples que, muitas vezes, não tem a menor relevância para a realização dos seus sonhos.

A primeira delas é o que vamos chamar de *energia de realização*, que está diretamente ligada à nossa força de vontade e vai variar ao longo do dia. Assim como todos os dias têm 24 horas, todos nós temos uma barra de energia própria que nos ajuda a cumprir com a rotina e com as responsabilidades diárias. Essa barra de energia é regulada por diversos fatores, inclusive pelo nosso relógio biológico, nosso ritmo circadiano. É um mecanismo interno que regula não apenas o sono, mas a produção de hormônios e proteínas, a frequência cardíaca e tudo o que é necessário para o metabolismo do nosso corpo.

Localizado no núcleo supraquiasmático do cérebro, dentro do hipotálamo, segundo o professor de Neurociência Circadiana da Universidade de Oxford, no Reino Unido, Russell G. Foster, o sistema circadiano "oferece uma estrutura temporal para nossa biologia funcionar efetivamente. Temos que entregar a substância certa, nas concentrações certas, para os órgãos certos, na hora certa do dia". Para se manter em sincronia com o ambiente, um grupo de células fotossensíveis reage às mudanças de iluminação do dia e da noite para ajustar os ponteiros desse nosso relógio interno.[31] Contudo, embora todos tenhamos as mesmas 24 horas, cada pessoa terá uma relação diferente com o tempo.

31   RITMO circadiano: o que é e como funciona. **BBC**, 1 jun. 2022. Disponível em: https://www.bbc.com/portuguese/geral-61548390. Acesso em: 05 jun. 2023.

Um estudo, publicado em 2015, que analisou a relação entre o sono e a capacidade cognitiva destacou que, além do sistema circadiano, também possuímos o sistema homeostático. Enquanto o primeiro se refere a como nossa produção hormonal e período de sono e vigília acontecem ao longo do dia, o segundo está relacionado à nossa tendência ao tempo de sono e vigília. O padrão de sono tende a variar para a maioria das pessoas entre 7 e 9 horas, e a característica dos horários de dormir e acordar vão ser definidas, segundo o levantamento feito pelo estudo, em quatro classificações:[32]

- *Matutinos:* pessoas que dormem mais cedo, acordam cedo e têm maior energia para realizar as suas atividades pela manhã;
- *Vespertinos:* dormem e acordam mais tarde, por isso têm maior disposição em períodos da tarde;
- *Intermediários:* a disposição e o sono acontecem em horários intermediários;
- *Bimodais:* pessoas que tendem a variar a rotina do sono e têm maior disposição no início da manhã ou no fim da tarde.

Considerando esses perfis, cada pessoa terá a sua barra de energia alinhada ao seu próprio sistema. Algo como mostram as figuras a seguir.

---

32 BELÍSIO, A. Dormir bem: uma questão de saúde. **Revista Humano Ser**, Natal, v.1, n.1 , p. 88-98, 2015. Disponível em: https://periodicos.unifacex.com.br/humanoser/article/view/627/145. Acesso em: 05 jun. 2023.

BARRA DE ENERGIA DE REALIZAÇÃO

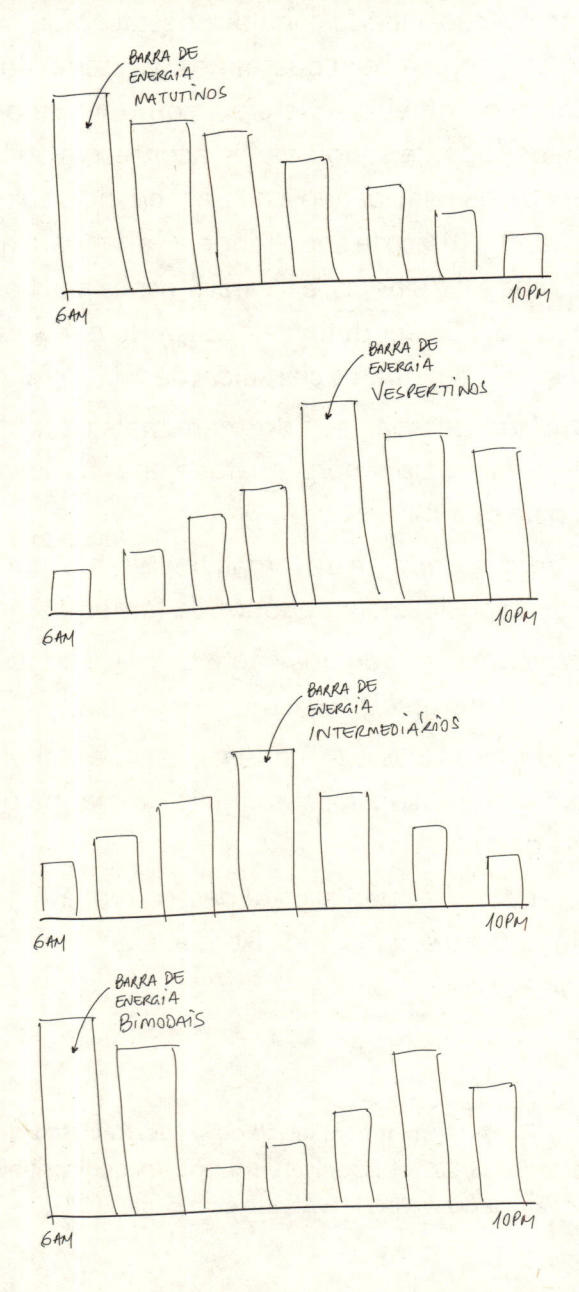

A procrastinação é um hábito e, como todo hábito, ela pode ser modificada.

Ao longo de toda a minha jornada profissional treinando e desenvolvendo pessoas, aprendi que a ação cura e a inação adoece. Então vamos começar a agir e, em tempo real, começar a entender qual é o seu perfil de pessoa no que se refere aos seus picos de energia de realização, isso será fundamental na estratégia para vencer a procrastinação.

Quero que você faça um exercício. Pense em como é um dia comum da sua semana.

- A que horas você acorda normalmente?
- Como costumam ser as suas primeiras horas do dia? Você acorda com bastante disposição ou sente que não descansou nada?
- Em qual período do dia você percebe que acontece o seu pico de disposição?
- Qual é o período do dia em que você sente que "parou de funcionar" e precisa fazer coisas que não exijam muito esforço mental?
- Qual é o seu horário preferido para ir se deitar?
- Você se deita e rapidamente pega no sono ou tem dificuldade para dormir?

Ao responder essas rápidas perguntas, estamos em busca de entender algo essencial para romper com a procrastinação: quais são os horários do dia em que a sua *barra de energia de realização* está mais cheia e em quais está mais vazia! Isso será fundamental em breve.

Por ora, quero que você comece a ter autoconsciência de como você funciona. Agora, vamos seguir para a segunda valência dessa equação.

PERCEPÇÃO DO TAMANHO DA TAREFA

Pessoas diferentes percebem uma mesma tarefa de jeitos diferentes. Para algumas pessoas, cozinhar é uma delícia, um momento terapêutico; para outras, é uma tortura. Tem gente que adora ler, outras passam horas e horas sem mudar de página; eu, por exemplo, tenho muita facilidade para gravar vídeos, mas conheço muitas pessoas que têm pavor de aparecer na frente de uma câmera.

Então aqui temos a segunda valência, que é a dimensão percebida do tamanho da tarefa. Ao juntarmos as duas, você vai compreender por que às vezes é tão simples realizar uma tarefa e tem horas que acabamos procrastinando.

O grande desafio não é vencer a procrastinação, mas, sim, fazer com que *cada tarefa seja realizada no momento em que temos o nível de energia de realização adequado para o tamanho percebido pelo nosso cérebro para aquela tarefa específica*. Para você entender o que quero dizer, vou dar dois exemplos reais que aconteciam comigo.

Muitos anos atrás, eu tive uma locadora de filmes em DVD. Quando os filmes novos chegavam, tínhamos que colar etiquetas com o nome da locadora. Uma tarefa pequena, repetitiva. Se resolvia fazer o processo de etiquetar em um momento que era meu pico de energia, a equação não fechava. Estava com tanta disposição que a última coisa que queria fazer era ficar preso a uma tarefa tão pequena, aquilo parecia chato e arrastado demais e eu acabava me distraindo com outras atividades e procrastinava colar as etiquetas. Ou seja, *tarefas e níveis de energia incompatíveis geram procrastinação*.

O segundo exemplo é mais recente. Eu precisava gravar três vídeos que, como já disse, são atividades que fazem parte da minha rotina. Gravar, portanto, não é algo que meu cérebro percebe como muito difícil. O problema, no entanto, é que eu criei muitas complicações para mim mesmo. No momento em que deveria fazer a gravação, percebi que o equipamento estava completamente desorganizado: não estava achando o microfone, não sabia em qual lugar tinha anotado os temas que eu deveria gravar, perdi a informação de onde eu deveria salvar os conteúdos e qual era a duração de cada vídeo… Então, algo que inicialmente seria simples para mim, como apertar um botão e gravar, se tornou uma tarefa enorme. Resultado: a desorganização me consumiu tanta energia que meu cérebro resolveu que aquele não era o momento de gravar. Os vídeos ficaram para o dia seguinte e acabei indo realizar uma tarefa mais simples. Aqui é justamente o contrário, uma tarefa que pareceu grande demais para aquele momento.

O que quero mostrar a você com essas duas histórias é que quando o cérebro analisa o tamanho percebido de uma tarefa específica e a compara com a sua barra de energia de realização, automaticamente ele decide: se a tarefa está adequada à energia e se vai seguir em frente com ela, ou se procurará outra coisa para fazer, maior ou menor, para tornar essas duas valências mais compatíveis.

Imagine uma pessoa matutina, que tem mais energia pela manhã e que sua energia de realização vai acabando ao longo do dia. Obviamente, ela deveria deixar a parte da manhã para as tarefas mais desafiadoras e a parte do fim do dia para as tarefas mais mecânicas, automáticas, que têm um tamanho percebido de tarefa menor.

Só que, muitas vezes, o que a maioria das pessoas faz é justamente o contrário. Elas acordam pela manhã e usam esse tempo nobre em que a barra de energia de realização está no ápice para fazer coisas triviais, como responder e-mails, mensagens de texto, navegar aleatoriamente na internet ou em redes sociais.

Aquilo que é importante, como estudar um novo idioma, fazer um curso relevante, terminar o trabalho de conclusão de curso, reunir a documentação para fazer a declaração do imposto de renda ou mesmo preparar uma refeição saudável ou ir à academia, que são tarefas com um tamanho percebido pelo cérebro significativamente maior, acabam ficando para o fim do dia, quando a barra de energia de realização é muito menor. Logo, a conta não fecha, e o cérebro procrastina aquilo que era relevante para fazer uma tarefa menor, menos significante, mas que se encaixe dentro da barra de energia de realização que sobrou para aquele momento.

Vamos entender isso em um gráfico, para ficar ainda mais claro:

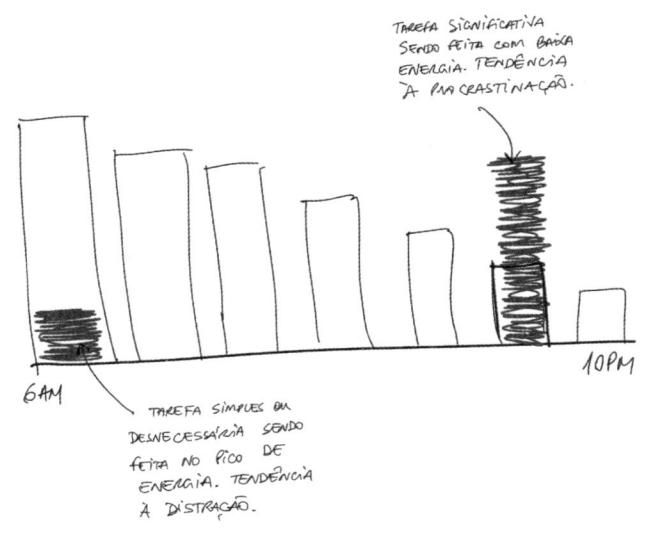

1. Percepção do tamanho da tarefa adequada ao nível de energia realizadora;
2. Percepção do tamanho da tarefa inadequada ao nível de energia realizadora, o que gerará a procrastinação.

Se a tarefa for grande demais para o seu nível de energia naquele momento, a tendência é procrastinar; se for pequena demais, a tendência é achá-la entediante e não dar atenção a ela e, portanto, perder o foco, se distrair e procrastinar. No mundo perfeito, a gente busca o equilíbrio entre o tamanho percebido da tarefa e o nível de energia de realização. Colar etiquetas deveria ser feito em momentos de baixa energia de realização, no meu caso, que sou matutino, mais pela noite; malhar ou aprender algo novo e desafiante pela manhã, em que tenho o meu pico de energia de realização. *A produtividade é o resultado de escolher a tarefa adequada ao seu momento de energia de realização.*

Embora pareça de extrema simplicidade o que acabei de explicar, essa teoria tem implicações praticamente infinitas e demandará muito mais ajustes do que é possível perceber em um primeiro momento. Nessa direção, se eu me fiz claro sobre as duas valências, barra de energia de realização e tamanho percebido da tarefa, e que equalizar essas duas será a nossa grande arma contra a procrastinação, então, estamos prontos para seguir.

A produtividade
é o resultado de
escolher a tarefa
adequada ao seu
momento de energia
de realização.

Capítulo

4

GERENCIANDO A FORÇA DE VONTADE

"Você nunca vai mudar sua vida até mudar algo que faz diariamente. O segredo do seu sucesso é encontrado em sua rotina diária."

John C. Maxwell[33]

A força de vontade é basicamente a habilidade de dizer e cumprir o "não" para as coisas que podem nos atrapalhar e "sim" para as que nos ajudam a alcançar os nossos objetivos. É como um músculo na nossa cabeça que usamos quando precisamos resistir a um desejo ou quando precisamos nos concentrar em algo importante.

Por exemplo, quando você acorda cedo para malhar, mesmo quando o que mais quer é continuar na cama, isso é força de vontade. Ou quando você decide comer uma salada no lugar de uma generosa e suculenta porção de batatas fritas porque quer ficar mais saudável, isso também é força de vontade.

Algumas pessoas parecem ter muita força de vontade, enquanto outras acham mais difícil dizer "não" aos impulsos. Mas a boa notícia é que todo mundo pode trabalhar para melhorar essa área. No nosso cérebro, a parte que está mais diretamente ligada à força de vontade é chamada de córtex pré-frontal. É a área que nos ajuda a tomar decisões e a controlar nossos impulsos imediatos para focar o que realmente importa a longo prazo.

33 MAXWELL, J. It all comes down to what you do daily. **John. C. Maxwell**, 14 jan. 2015. Disponível em: https://www.johnmaxwell.com/blog/it-all-comes-down-to-what-you-do-daily/. Acesso em: 4 jul. 2023.

Ao apresentar a barra de energia de realização e a importância de adequar o tamanho percebido de cada tarefa, eu quis mostrar a você algo que a maioria de nós passa a vida inteira sem entender: **a força de vontade é finita**, ela tende a ir acabando ao longo do dia e, junto com ela, nossa barra de energia de realização vai diminuindo.

Todos os dias, após uma boa noite de sono, quando recarregamos nossa barra de energia, recebemos uma quantidade limitada de disposição que vai sendo consumida ao longo do dia, conforme somos bombardeados de demandas, estímulos, decisões a serem tomadas e de distrações dos mais variados tipos. E então, quando você finalmente consegue se organizar e pensa *agora vou fazer aquilo que tanto preciso,* muitas vezes tende a não ter mais a energia necessária para realizar a tarefa que é tão importante para dar o próximo passo para alcançar os seus objetivos. Essa energia já foi inteiramente consumida, e a consequência é a procrastinação.

É por isso que, quando temos alguma dificuldade em concretizar nossos planos e ouvimos alguém dizer "é só ter força de vontade que você consegue", essa é uma mensagem completamente inadequada. Realizar algo ou procrastinar aquilo que deveria estar sendo feito vai muito além de frases motivacionais que podemos ler em para-choque de caminhão ou em posts viralizados de redes sociais.

Então, a partir de agora, não vamos falar em pessoas fortes ou fracas ao nos referirmos à força de vontade. Nosso foco, aqui, é aprender a fazer a gestão adequada desse recurso tão valioso. Não vou tentar fazer de você um super-herói que acorda cada dia mais cedo e dorme cada dia mais tarde, que precisa tomar banho gelado, tomar água com limão, ou seguir tantas outras dicas da internet. Ao contrário, a solução está na gestão correta da força de vontade. Ela é como um músculo que precisa ser exercitado para não atrofiar.

Os neurocientistas explicam que, apesar de parecer uma coisa só, o cérebro é composto por diversas partes que evoluíram de formas diferentes e em estágios diferentes da nossa espécie. Assim, é como se tivéssemos desenvolvido dois cérebros dentro do nosso crânio. Um é a parte composta, primordialmente, pelo córtex pré-frontal: formada mais recentemente no nosso processo evolutivo, ela é racional, lógica e possui um sistema responsável pelo nosso autocontrole. O segundo cérebro está localizado em uma região mais primitiva: é a parte que responde aos gatilhos de sobrevivência, representando o nosso "eu" mais impulsivo, que adora novidades, quer poupar energia sempre que possível, quer fugir das emoções negativas e ama o prazer imediato.[34]

Esses dois cérebros estão sempre negociando dentro de nós. Um quer receber a recompensa imediatamente; o outro sabe que, ao controlar os impulsos, poderá colher recompensas ainda melhores lá na frente.

O grande problema é que, por não saber como essas duas mentes funcionam, as pessoas acabam deixando que a energia seja sugada por várias razões que não deveriam ocupar tanto espaço em nossa vida. Então, quando chegam os momentos de grandes decisões, estamos muito cansados para resistir às

---

34 MCGONIGAL, K. **Os desafios à força de vontade**. Rio de Janeiro: Fontanar, 2014.

tentações. O pior de tudo: não temos sequer consciência de que isso esteja acontecendo.

O psicólogo social Roy Baumeister foi o primeiro cientista reconhecido por se dedicar ao estudo dos limites da força de vontade. Depois de realizar inúmeras experiências em seu laboratório, nos quais dava desafios como recusar um alimento delicioso, se manter concentrado em uma atividade desagradável ou manter os braços imersos em água gelada, ele notou que, ao longo do tempo, o autocontrole das pessoas diminuía. Realizar tarefas que exigiam muita concentração, portanto, uma imensa quantidade de autocontrole, minava o nível de atenção e a força física.[35] Em uma entrevista, ele afirmou que:

> [...] O princípio aqui é que você tem um estoque de força de vontade ou um músculo de autocontrole. É um "recurso de domínio geral", como as pessoas dizem. Não é destinado para nenhuma atividade em específico. Então quando as pessoas dizem: "Tenho força de vontade para lavar a louça, mas não para terminar o meu trabalho", isso é errado. É a mesma força de vontade. Você pode usá-la para uma coisa ou outra, mas tudo vem do mesmo estoque.[36]

Nesse sentido, um estudo realizado com estudantes pode nos ajudar a entender como o excesso de foco em uma

---

35 MCGONIGAL, K. **Os desafios à força de vontade**. Rio de Janeiro: Fontanar, 2014.

36 BARKER, E. How to increase willpower: extended interview with Roy Baumeister. **Barking Up The Wrong Tree**. Disponível em: https://bakadesuyo.com/increase-willpower/. Acesso em: 13 jun. 2023.

atividade que nos demanda todo o autocontrole pode nos levar ao descontrole. Esses estudantes estavam sob um alto nível de estresse por causa de uma prova que fariam em breve. Então, para lidar com a pressão, o estudo notou que os alunos passaram a ceder mais a hábitos ruins como a má alimentação e o consumo excessivo de cigarro e cafeína. O estudo concluiu que é muito difícil regular muitas demandas que exigem força de vontade ao mesmo tempo.[37] Literalmente, não temos força de vontade o bastante para fazer tudo ao mesmo tempo.

A mesma coisa acontece quando deixamos de expressar aquilo que sentimos durante muito tempo e algo relativamente pequeno pode se tornar a gota d'água para desencadear uma grande discussão. Ou quando temos um dia muito estressante no trabalho e, ao chegar em casa, sentimos que não temos força o bastante para resistir ao fast-food ou àquele saquinho de salgadinho que tem no armário da cozinha.

Nos seus estudos, Roy Baumeister observou recorrentemente que, quando as pessoas precisavam de muito autocontrole para realizar uma primeira tarefa, ao encontrarem a próxima tarefa que também exigisse autocontrole, mesmo que fosse em uma esfera diferente, elas se saíam muito piores na segunda opção. Ou seja, os experimentos mostraram de modo claro que, a cada vez que nos desafiamos de novo durante o dia, estaremos mais propensos a falhar na tarefa desafiadora seguinte.

---

37 OATEN, M.; CHENG, K. Academic examination stress impairs self–control. **Journal of social and clinical psychology**, v. 24, n. 2, p. 254–279, 2005. Disponível em: https://sci-hub.se/10.1521/jscp.24.2.254.62276. Acesso em: 13 jun. 2023.

Só até aqui, já é possível identificar um dos maiores erros das famosas metas de fim de ano, em que muitas pessoas fazem uma verdadeira lista de sonhos e desejos para o ano seguinte. A lista tende a ser tão grande que não há estoque de força de vontade que seja suficiente.

A pessoa decide que vai se alimentar de comida mais saudável, fazer atividade física diariamente, aprender inglês, ler doze livros no ano, além de tantas outras decisões menores. Então no primeiro dia do ano ela acorda mais cedo e vai malhar, o que já consumiu uma boa parte da energia dela. O dia segue, ela vai para o trabalho e enfrenta todos os desafios naturais que já existem nessa esfera. Quando volta para casa, lembra-se de que se comprometeu a preparar comidas mais saudáveis para o dia seguinte, só que, a essa altura, a barra de energia de realização está muito baixa e a tarefa de preparar uma refeição saudável para o jantar parece grande demais para o momento. Logo, ela procrastina e acaba escolhendo algo mais simples para aquele momento e prefere colocar uma lasanha congelada no micro-ondas. A essa altura, ela já está exausta e resolve deixar o inglês e a leitura do novo livro para o dia seguinte.

Assim, a rotina de não conseguir fazer coisas que se comprometeu vai frustrando e minando sua autoconfiança, o que diminui ainda mais a força de vontade, até que ela desiste de todos os projetos e mais um ano se passa sem que nenhuma das metas relevantes da sua vida fosse realizada.

Ou seja, estabelecer muitos projetos e metas ao mesmo tempo tende a consumir rapidamente toda a força de vontade, gerando frustração e abandono do que foi proposto. Observe que não foi um caso de falta de força de vontade, mas tão somente da má gestão dela. O fato é que você pode ter praticamente tudo o que deseja, mas não tudo ao mesmo tempo.

NOSSO ESTOQUE DE FORÇA DE VONTADE

Baumeister também diz que há um fator importante para entendermos como os músculos do autocontrole e da força de vontade funcionam. Algo que podemos aprender com a nossa força física. Nosso corpo apresenta sinais de que está esgotado muito antes de ficarmos realmente sem energia.[38] Para entender isso, imagine que você esteja correndo em uma avenida e, então, depois de percorrer cinco quilômetros, chega um ponto em que a fadiga começa a aparecer e você pensa: *Vou parar por aqui, não aguento mais*.

Agora, imagine que você está na mesma avenida, alcançou os cinco quilômetros, se sente cansado, mas surge outra pessoa que começa a persegui-lo. De repente, nesse sinal de perigo, seu corpo usará a energia restante no estoque para que você consiga se proteger e você consegue correr por mais tempo e ainda mais rápido.

Como vimos anteriormente, nosso sistema primitivo foi feito para poupar energia. Então, quando a nossa mente impulsiva resolve que não quer mais se dedicar àquela tarefa importante ou quer uma recompensa imediata, precisamos de recursos para convencê-la a não se distrair e deixar a nossa mente do autocontrole dedicar mais energia ao que realmente queremos.

---

38 ROY Baumeister on self-control & willpower. 2016. Vídeo (9min45s). Publicado pelo canal Nordic Business Forum. Disponível em: https://www.youtube.com/watch?v=RICxYzTL_Ps. Acesso em: 13 jun. 2023.

Em um estudo da American Psychological Association, foi constatado que a falta de força de vontade é o principal obstáculo que leva as pessoas a procrastinarem hábitos relacionados à saúde. Para reverter esse diagnóstico, os especialistas afirmam que se quisermos realizar mudanças duradouras para alcançarmos nossos objetivos, então precisamos desenvolver novas habilidades, precisamos transformar nossos grandes objetivos em metas alcançáveis.[39]

Ou seja, precisamos fazer a gestão correta da força de vontade, adequando a nossa barra de energia de realização ao tamanho percebido da tarefa, de acordo com o momento do dia. Se a tarefa percebida parece adequada para o tamanho da nossa força de vontade, conseguiremos realizá-la. Se a tarefa parecer grande demais, vamos procrastinar.

Diante disso, a conclusão para vencer a procrastinação é bastante óbvia, estava na nossa cara o tempo inteiro, mas não estávamos olhando para a direção certa. Basicamente, a gestão das duas valências (barra de energia e tamanho percebido da tarefa) precisa acontecer com uso das técnicas adequadas para:

- Não diminuir o nosso estoque de força vontade;
- Aumentar o nosso estoque de força de vontade;
- Diminuir o tamanho percebido da tarefa pelo nosso cérebro;

---

39 APA: AMERICANS report willpower and stress as key obstacles to meeting health-related resolutions. **American Psychological Association**, 2010. Disponível em: https://www.apa.org/news/press/releases/2010/03/lifestyle--changes. Acesso em: 13 jun. 2023.

- Fazer uma melhor gestão da relação *força de vontade* × *tamanho percebido da tarefa ao longo do dia.*

Com isso, podemos tirar algumas conclusões que apresentarei a seguir. Mas, para podermos avançar na metodologia e começarmos a colocar em prática atitudes baseadas na Neurociência e que vão fazer você vencer a procrastinação, preciso que as afirmações a seguir façam sentido para você.

Conclusão 1: existem duas valências a serem consideradas para vencer a procrastinação: o tamanho da sua barra de energia no momento da realização (força de vontade) e o tamanho percebido pelo seu cérebro para aquela tarefa.

Conclusão 2: você é um ser humano único, e tarefas idênticas podem ter um tamanho percebido diferente por duas pessoas. Para uma pessoa, preparar a documentação do imposto de renda pode ser algo completamente simples, tendo um tamanho percebido pequeno, exigindo pouca força de vontade para aquilo; mas, para outra, essa simples tarefa pode parecer enorme, demandando uma grande barra de energia de realização.

Conclusão 3: todos temos força de vontade, a diferença é a forma que a exercitamos e como fazemos a gestão dela.

Conclusão 4: nossa grande missão, ao tentarmos não procrastinar, é adequar o tamanho percebido da tarefa a ser realizada ao tamanho da barra de energia de realização.

Caso as conclusões acima tenham ficado claras para você, vamos para o próximo capítulo, em que vou trabalhar contigo

para que a sua barra de energia de realização não diminua, permitindo que você realize mais tarefas sem procrastinar, tornando-se cada vez mais uma pessoa que fala e faz.

A força de vontade é como um músculo que precisa ser exercitado para não atrofiar.

5

NÃO DIMINUA A FORÇA DE VONTADE

> *"Não dispomos de pouco tempo, mas desperdiçamos muito. A vida é longa o bastante se souber como usá-la."*
>
> Sêneca[40]

A força de vontade é o combustível que alimenta a nossa barra de energia de realização. Ela é essencial para vencermos a procrastinação, para nos tornarmos pessoas que realmente falam e fazem e, finalmente, chegarmos ao destino que tanto desejamos. No entanto, como vimos no capítulo anterior, a força de vontade é finita e tende a ir diminuindo conforme executamos as atividades do cotidiano. A nossa primeira tarefa, portanto, é evitar desperdiçá-la com hábitos que a diminuam desnecessariamente ao longo do dia, pois quanto menor for o nosso nível de energia, maiores são as chances de termos uma tarefa importante deixada para momentos em que nossa capacidade de realização não está adequada. O resultado disso, como vimos no capítulo anterior, é a procrastinação para uma tarefa menor, menos importante e mais fácil de ser realizada.

O caminho contrário também é verdadeiro: quanto maior a nossa barra de energia de realização, mais tarefas caberão dentro dela e, logo, mais disciplina, mais realização e menos procrastinação.

---

40 SÊNECA. **Sobre a brevidade da vida**. Sobre a firmeza do sábio: diálogos. São Paulo: Companhia das Letras, 2017. p. 9.

Como consequência da investigação que venho realizando nos últimos anos para ser capaz de construir esta obra para você, cruzando inúmeros estudos para entender quais são os principais elementos que interferem na nossa barra de energia realizadora, cheguei aos três principais diminuidores da nossa força de vontade. E confesso a você que essas descobertas me surpreenderam muito, especialmente porque são tão simples de resolver.

Justamente por não termos aprendido as bases do funcionamento do nosso próprio organismo, especialmente do nosso cérebro, é muito comum que, sem sabermos, sejamos nós mesmos os principais sabotadores da nossa capacidade de realização. Por não nos atentarmos nem gerenciarmos os mecanismos fundamentais para a manutenção dos níveis de energia, desperdiçamos nosso estoque de força de vontade. E, acredite, mesmo que hoje você sinta que está muito distante do seu maior objetivo, regulando esses três elementos você já perceberá uma melhora significativa na sua disposição para fazer o que precisa ser feito, para se tornar uma pessoa que domina a arte de falar e fazer.

Em resumo, o que vamos trabalhar daqui para frente são mudanças simples na sua rotina para que sua barra de realização não diminua tanto ao longo do dia, para que você se mantenha produtivo por muito mais tempo, procrastinando menos.

Observe nos gráficos o modelo de uma pessoa que não domina o que vou lhe ensinar e, em seguida, compare com alguém que pratica a arte de não deixar a barra de energia diminuir de forma tão rápida.

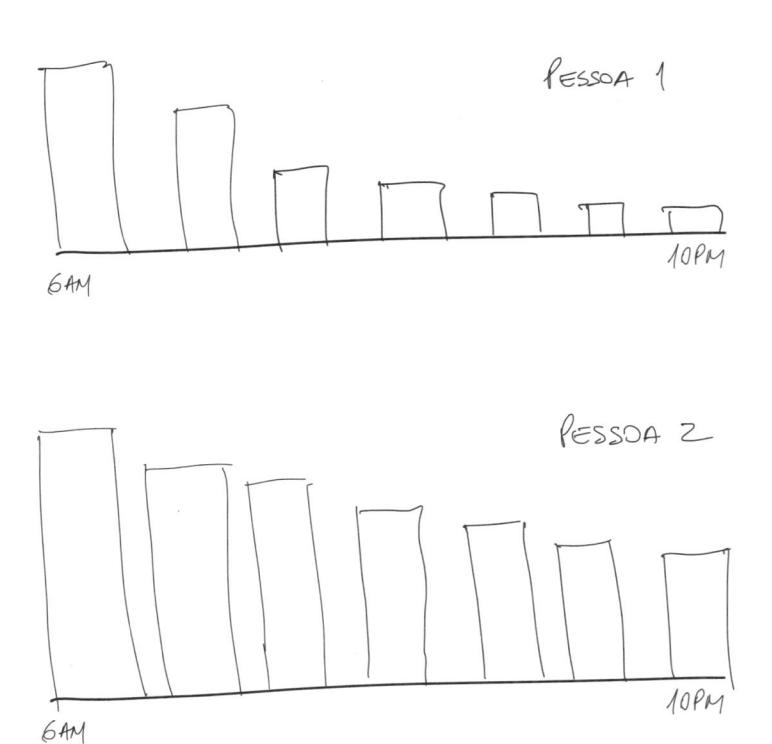

Observe que a *pessoa 1*, que nunca foi treinada para aprender a lidar com sua força de vontade, já começa com uma barra menor no começo da manhã e ela diminui muito mais rápido ao longo do dia. A *pessoa 2*, que espero que seja o seu exato caso ao fim deste livro, começa o dia com mais energia e a mantém por mais tempo ao longo da jornada. A consequência é óbvia e poderosa: ao fim de um dia, a *pessoa 2* fará mais tarefas relevantes, com grau de dificuldade maior, procrastinando muito menos. Agora, imagine a diferença de resultados entre essas duas pessoas ao fim de uma semana, de um mês e, especialmente, ao fim de um ano inteiro.

Espero que tenha conseguido me fazer claro na importância do que você está prestes a ver nas próximas linhas.

VOCÊ ESTÁ DORMINDO O SUFICIENTE?

Antônio se deita para dormir. Passou um pouco das 23h, e amanhã ele precisa acordar às 6h. Para garantir que não vai se atrasar, ele coloca o despertador do celular na hora que precisa se levantar. Infelizmente, ele não consegue dormir imediatamente, rola para um lado e para o outro, pega mais uma vez o celular que estava na cabeceira, dá uma última olhada nas redes sociais e vê que não chegou nenhuma mensagem nova. Quando finalmente cai no sono, já é praticamente meia-noite.

O despertador toca, e a primeira sensação que o Antônio teve é que era um engano, parecia que ele só tinha piscado os olhos e o despertador já estava tocando. Ele confere e se certifica de que realmente já são 6h da manhã. Ainda na cama, ele sente que parece que a noite voou e ele não descansou nada. A frase que vem na cabeça é: parece que não dormi quase nada.

Ele ainda se sente "mole", então resolve olhar um pouco o celular antes de sair da cama, fica ali por uns quinze a vinte minutos, trocando de aplicativos de modo meio que automático e aleatório, navegando entre redes sociais, aplicativos de mensagens e um ou outro site até que, finalmente, toma coragem e senta-se na cama para começar o dia que ele tem pela frente.

Antônio passará um dia, ou talvez alguns dias em *privação do sono*, ou seja, ele dormiu menos do que o seu corpo realmente precisa e, como você já deve imaginar, esse é um dos maiores diminuidores da barra de energia de realização. Eu sei que há fases da vida em que somos obrigados a encarar rotinas muito intensas e que nos impedem de ter noites ideais de sono. Contudo, dormir menos que o necessário prejudica os seus níveis de energia, aumenta os níveis de estresse e faz com que seu autocontrole para resistir às tentações diminua.

Para estarmos na mesma página sobre *privação do sono*, esse é um termo usado para descrever um estado no qual um indivíduo não consegue obter a quantidade adequada de sono que é necessária para um ótimo funcionamento físico e cognitivo. Do ponto de vista da neurociência, a privação do sono tem consequências significativas no cérebro e no comportamento.

A quantidade de sono que uma pessoa necessita varia, mas, em geral, a maioria dos adultos precisa de cerca de sete a nove horas de sono por noite. A comunidade científica geralmente considera que alguém está experimentando privação do sono quando obtém menos sono do que a quantidade recomendada para a sua faixa etária ou para sua individualidade orgânica, ou quando a qualidade do sono é pobre, mesmo que o tempo de sono pareça suficiente.

Quando dormimos mal, temos que enfrentar uma reação em cadeia do nosso organismo, que inclui dificuldade para gerenciar as emoções, para manter a concentração e desequilíbrio dos níveis de glicose, que se refere ao nível de açúcar em nosso organismo e é a nossa principal fonte de energia. Então, nos dias em que nos sentimos muito cansados, o cérebro cede à

tentação de consumo maior de café, açúcares e alimentos menos saudáveis para tentar aumentar rapidamente a energia.[41]

Um estudo realizado com um grupo de alunos entre 18 e 29 anos documentou os impactos da privação de sono para que os participantes analisassem o grau de dificuldade em certas tarefas e como eles lidariam com demandas que exigissem processos mentais complexos. Ao comparar o desempenho dos alunos entre aqueles que tiveram noites de sono adequadas à sua necessidade natural e aqueles que dormiram menos, ficou claro que aqueles que dormiram menos sentiram a fadiga mental e a percepção maior da dificuldade das atividades, ou, nos nossos termos, passaram a ter uma percepção aumentada do tamanho da tarefa, o que eleva significativamente a chance de aquela tarefa ser procrastinada. Os alunos em privação de sono, por exemplo, tinham maior dificuldade em acompanhar as instruções de uma determinada tarefa e optaram por tentar resolver as questões por comparações mais simples em vez de fazer análises detalhadas.[42]

E sabe aquela sensação de sono acumulado que, às vezes, nos bate quando temos uma sequência de noites mal dormidas? Pois é, não é apenas uma sensação. Um estudo muito interessante acompanhou 23 adultos saudáveis em um experimento de vinte e um dias para analisar quanto tempo o cérebro leva para se recuperar de um período de privação de sono, que causa impactos

41 MCGONIGAL, K. **Os desafios à força de vontade**. São Paulo: Fontanar, 2014. *E-book*.

42 MATHEW, G. M. *et al*. The role of sleep deprivation and fatigue in the perception of task difficulty and use of heuristics. **Sleep Science**, v. 11, n. 2, 2018. Disponível em: https://doi.org/10.5935/1984-0063.20180016. Acesso em: 26 jun. 2023.

negativos no ciclo circadiano, níveis de atenção, eficiência cognitiva e na memória de curto prazo. Nos primeiros quatro dias, eles estabeleceram a média que cada adulto dormia para estabelecer a base comparativa. Nos dez dias seguintes, eles tiveram uma redução de 30% do tempo de sono que cada participante teria como necessidade natural. Os últimos sete dias foram usados para analisar o tempo de recuperação do organismo. No estudo, ficou claro que uma semana não foi suficiente para a recuperação total dos níveis de energia dos participantes, entre os quais apenas um deles apresentou a reversão total dos indicadores para os mesmos níveis de referência no início do estudo.[43] Esses dados mostram claramente que apenas uma noite de sono bem dormida está longe de ser o suficiente para compensar uma semana em que você dorme um pouco menos ou um pouco pior.

Além disso, dormir menos do que cinco horas por noite pode aumentar nossas chances de desenvolver doenças crônicas, como apontou um estudo que analisou os dados de mais 10 mil pessoas adultas com idades entre 50 e 70 anos e foram registrados pelos Estudos de Whitehall II – um importante marco científico que examinou a saúde de milhares de funcionários públicos britânicos e mediu a duração do sono dessas pessoas entre os anos 1985 e 2016 e, depois, em 2019 no caso das pessoas que apresentavam duas ou mais doenças crônicas. Os pesquisadores perceberam que a privação de sono aos 50 anos aumentava em 20% as chances de

---

43 OCHAB, J. K. *et al*. Observing changes in human functioning during induced sleep deficiency and recovery periods. **PLOS ONE**, v. 16, n. 9, 2021. Disponível em: https://journals.plos.org/plosone/article?id=10.1371/journal.pone.0255771. Acesso em: 26 jun. 2023.

uma pessoa totalmente saudável desenvolver a primeira doença crônica.[44]

O que quero trazer para você com todos esses dados é que cuidar do sono é essencial para preservar os níveis da barra de energia, força de vontade, capacidade cognitiva e sua saúde. Você se lembra de que a sua barra de energia é o seu maior combustível para vencer os desafios do dia a dia? Então, quando dorme mal, já começa o dia com uma barra de energia muito menor e com potencial de redução muito mais rápido ao longo do dia, é praticamente como ir fazer uma viagem longa de carro com o tanque de combustível na reserva: a pessoa praticamente não vai a lugar nenhum. Justamente porque o tempo de sono que você teve não foi suficiente para regular o organismo, restabelecer os níveis de glicose, atenção e disposição.

Seu próximo passo é entender qual é a sua demanda específica de sono. Vale dizer que é normal percebermos que a nossa demanda por descanso muda com o tempo. Quando eu, Geronimo, era mais jovem, precisava de sete horas de sono por noite, isso era mais do que o suficiente para me manter bem-disposto por praticamente todo o dia. Hoje, já preciso de oito. Todas as vezes que durmo menos do que o corpo necessita, estou entrando em privação de sono. Logo, minha força de vontade diminui, e a minha barra de energia começa

44 SABIA, S. *et al*. Association of sleep duration at age 50, 60, and 70 years with risk of multimorbidity in the UK: 25-year follow-up of the Whitehall II cohort study. **PLOS Medicine**, v. 19, n. 10, p. e1004109, 2022. Disponível em: https://journals.plos.org/plosmedicine/article?id=10.1371/journal.pmed.1004109. Acesso em: 26 jun. 2023.

menor, aumentando a probabilidade de procrastinar as tarefas mais importantes e não dando conta de realizar o que tinha programado para aquele dia.

Se você percebe que a privação do sono é um dos fatores que está atrapalhando a sua performance, diminuindo a sua energia de realização e aumentando a sua procrastinação, vamos trabalhar juntos para começar a resolver esse problema imediatamente.

Desenvolvi um exercício que aplico nos meus alunos para que eles melhorem sua rotina de sono. Vou aplicar ele em você. Basta seguir os passos abaixo:

Exercício

1º passo: identifique o seu padrão. Fazendo uma autoanálise, qual você acredita que seja o seu padrão natural de necessidade de sono para que acorde bem e de maneira renovada pela manhã? Na maioria das vezes, quantas horas você precisa dormir para acordar se sentindo bem para o dia seguinte?

☐ 7 horas
☐ 8 horas
☐ 9 horas
☐ Outro: _____ horas

2º passo: analise sua rotina. Considerando a sua rotina da maioria dos dias, qual é o horário ideal para você acordar pela manhã, de modo que possa se sentir descansado e ter tempo para realizar sua rotina matinal?

Às _____ horas da manhã

3º passo: defina seus horários. Agora é hora de calcular o horário que você precisa dormir. Pegue a hora que você estabeleceu que deseja acordar e diminua pela sua quantidade de sono ideal para entender que horas você deveria estar dormindo. No meu caso, sou uma pessoa do tipo que precisa de oito horas de sono e que levanta às 6h da manhã. Logo, preciso estar dormindo às 22h para que esteja descansado, renovado e pronto para o dia seguinte. E você, coloque abaixo quais são os seus horários ideais.

Preciso dormir às _____ horas para conseguir dormir as _____ horas de que preciso de sono.

4º passo: reveja seus hábitos. Por último, para dormir no horário estabelecido, é fundamental que você tenha uma rotina de preparo que, idealmente, leva em consideração a última hora antes de ir para a cama. Em outras palavras, e considerando meu caso como exemplo, preciso dormir às 22h para acordar às 6h da manhã e ter uma noite de sono reparadora. Logo, minha rotina para dormir precisa iniciar uma hora antes, ou seja, às 21h.

Abaixo listo para você os principais elementos que devem nortear sua última hora antes de dormir. Marque com um "X" aqueles que você precisa melhorar para ter uma noite de sono reparadora. Não se assuste se precisar melhorar em todos os itens, pois, infelizmente, é o que acontece com a maioria dos alunos que chegam a mim:

☐ Ausência de telas[45], especialmente televisão, celulares[46] e tablets.

☐ Procurar não se alimentar nessa última hora.[47]

☐ Tomar um banho morno que possa relaxar você.

☐ Ir para cama quinze minutos antes da hora marcada para dormir.

☐ Desligar completamente as luzes do ambiente em que você for dormir.

45 Um estudo publicado em 2018 no International Journal of Public Health comprovou que o uso de telas pode prejudicar o seu descanso. Segundo a pesquisa, adolescentes que excedem duas horas diárias de tela tiveram 20% mais chances de relatar dificuldades no início do sono. CHRISTENSEN, M. A. *et al*. Direct measurements of smartphone screen-time: relationships with demographics and sleep. **PLoS one**, v. 11, n. 11, 2016. Disponível em: https://pdfs.semanticscholar.org/45e5/8725ef6a85ed2a86aa1159801ce188ec32bd.pdf?_gl=1*1m6yk83*_ga*MzA2NTYwNjguMTY4ODQ5NDIyOA..*_ga_H7P4ZT52H5*M-TY4ODQ5NDIyOC4xLjAuMTY4ODQ5NDIzMi41Ni4wLjA. Acesso em: 26 jun. 2023.

46 Um estudo publicado em 2020 no Nature and science of sleep conclui que usar a tela do celular por oito horas ou mais durante o dia, usar o celular por pelo menos trinta minutos antes de dormir após as luzes serem apagadas e manter o celular próximo ao travesseiro estão positivamente associados à má qualidade do sono. RAFIQUE, Nazish *et al*. Effects of mobile use on subjective sleep quality. **Nature and Science of Sleep**, v. 12, p. 357–364, 2020. Disponível em: https://www.semanticscholar.org/paper/Effects-of-Mobile-Use-on-Subjective-Sleep-Quality-Rafique-Al-Asoom/1aafe987189c193a725f3ed0cd0cb9f585cdac58. Acesso em: 26 jun. 2023.

47 Um estudo publicado em 2018 no Ecology of Food and Nutrition e um publicado em 2017 no Public Health Nutrition concluíram que a qualidade do sono pode, sim, estar ligada a hábitos alimentares. OGILVIE, R. *et al*. Sleep indices and eating behaviours in young adults: findings from Project EAT. **Public Health Nutrition**, v. 21, n. 4, p. 689–701, 2018. Disponível em: https://www.cambridge.org/core/journals/public-health-nutrition/article/sleep-indices-and-eating-behaviours-inyoung-adults-findings-from-project-eat/C7B46FA69E3517102105DD0275441C02. Acesso em: 26 jun. 2023. ÖZTÜRK, M. E. *et al*. Associations between poor sleep quality, obesity, and the anthropometric measurements of women in Turkey. **Ecology of Food and Nutrition**, v. 57, n. 1, p. 3–12, 2018. Disponível em: https://www.tandfonline.com/doi/abs/10.1080/03670244.2017.1406351?journalCode=gefn20. Acesso em: 26 jun. 2023.

Nos primeiros dias, é natural que seu sistema estranhe e busque realizar os hábitos antigos, porém, com o passar do tempo, o seu ciclo circadiano tende a se organizar novamente, e a nova rotina ficará cada vez mais natural. Se nos primeiros dias estiver muito difícil pegar no sono, resista ao uso das telas e procure adquirir o hábito da leitura, meditação ou oração nesse momento. Acredite, se você ultrapassar a fase da resistência, quando menos perceber estará dormindo melhor, na hora certa e de modo muito mais reparador.

As respostas para essas perguntas vão deixar claro para você as mudanças que precisa estabelecer na sua rotina.

Resumindo: durma melhor para não diminuir sua barra de energia, o que vai fazer você procrastinar menos e realizar muito mais.

VOCÊ ESTÁ BEBENDO ÁGUA?

Tenho uma comunidade on-line chamada "Comunidade No Comando", um treinamento de evolução pessoal no qual milhares de pessoas têm ferramentas e orientações pessoais minhas para a melhoria diária de seus resultados pessoais e profissionais por meio de técnicas concretas para vencer a procrastinação e ter muito mais foco e disciplina, o que faz com que alcancem melhores resultados com menos esforço. Entre as mudanças que trabalhamos está o ajuste para o consumo de água. Em apenas uma semana bebendo água na quantidade adequada, os alunos começam a relatar uma grande melhora no bem-estar: dores de cabeça diminuem, sentem a pele mais hidratada, relatam uma melhora no fluxo intestinal, especialmente diminuindo prisão de ventre, e sentem que seus níveis de atenção e disposição mental aumentam significativamente. Essa não é a resposta de um ou outro aluno, mas de milhares. E isso não é à toa!

Um estudo publicado pela professora de Neurociência da Universidade de Barcelona, Ana Adan, analisou diversas evidências científicas a respeito da correlação dos efeitos da desidratação na performance cognitiva e endossou que "estar desidratado em apenas 2% prejudica o desempenho em tarefas que exigem atenção, habilidades psicomotoras e de memória imediata, bem como avaliação do estado subjetivo".[48]

Outras evidências mostram como o consumo de água realmente nos ajuda a clarear a mente e ter uma resposta melhor diante das tarefas. Um dos exemplos foi um estudo realizado com 34 pessoas e publicado em 2013.

Nesse estudo, os participantes realizaram os testes em duas ocasiões, em uma delas haviam consumido líquido na noite anterior aos testes, e, na outra, não. Na primeira sessão, os participantes tomaram cerca de 500 ml de água antes dos testes e, na segunda, não beberam nada. No caso daqueles que realizaram os testes sem o consumo de água, o estudo os classificou como o grupo com sede subjetiva. O que as análises mostraram é que, nos casos em que os participantes apresentaram nível de sede subjetiva mais alta, pois não consumiram água nem na noite anterior nem antes dos testes, seu desempenho de resposta rápida foi mais lento. Já os participantes que consumiram água foram 14% mais rápidos no teste de reação, que consistia em apertar um botão sempre que um objeto aparecia na tela. Segundo os autores, os resultados "são consistentes com os efeitos facilitadores do consumo de água decorrentes

---

48 ADAN, A. Cognitive performance and dehydration. **Journal of the American College of Nutrition**, v. 31, n. 2, p. 71–78, 2012. Disponível em: https://pubmed.ncbi.nlm.nih.gov/22855911/. Acesso em: 26 jun. 2023.

da liberação de recursos atencionais que antes eram ocupados com o processamento das sensações de sede".[49]

Acredito que tudo isso já esteja ficando cada vez mais claro, então podemos dizer que, quando você bebe menos água, a sua energia realizadora vai diminuir e, por consequência, ocorre na mesma proporção o aumento da procrastinação. Acredite, para muitas pessoas procrastinarem menos, a única coisa de que elas precisam é beber um pouco mais de água.

A quantidade de água ideal para cada pessoa varia de acordo com o seu nível de perda de líquido diária, peso e condições de saúde. Tornou-se consensual adotar, em média, o cálculo de 35 ml de água para cada quilo de uma pessoa adulta.[50] O sistema de saúde do Reino Unido recomenda consumir entre seis e oito copos de água por dia, outras recomendações incluem, para aqueles que só bebem água quando estão sentindo sede, atentar-se para o fato de que, conforme envelhecemos, nossa sensibilidade à sede diminui e, por isso, é mais fácil ficarmos desidratados, especialmente depois dos 60 anos.[51]

49   EDMONDS, C. J.; CROMBIE, R.; GARDNER, M. R. Subjective thirst moderates changes in speed of responding associated with water consumption. **Frontiers in Human Neuroscience**, v. 7, p. 363, 2013. Disponível em: https://www.frontiersin.org/articles/10.3389/fnhum.2013.00363/full. Acesso em: 26 jun. 2023.

50   QUANTOS litros de água você deve beber diariamente? **Pró-saúde**, 9 de junho de 2022. Disponível em: https://www.prosaude.org.br/vida-saudavel/quantos-litros-de-agua-voce-deve-beber-diariamente/. Acesso em: 26 jun. 2023.

51   BROWN, J. Qual a quantidade de água que devemos beber por dia?. **BBC**, 28 junho 2019. Disponível em: https://www.bbc.com/portuguese/vert-fut-48278503. Acesso em: 26 jun. 2023.

Para beber mais água durante o dia, a melhor coisa que você pode fazer é: torne este um hábito fácil, de modo que nem precise pensar muito nele. Por exemplo, se você trabalha sentado, antes de iniciar o dia, já leve uma garrafa com você e deixe-a na sua mesa. Água não pode ser algo difícil, precisa ser fácil, estar disponível para você o tempo todo.

No meu caso, atualmente tenho uma garrafa com 3,8 litros de água que eu carinhosamente apelidei de garrafinha. Sempre pela manhã, como uma das primeiras tarefas, eu a encho e vou tomando ao longo do dia. Minha meta é terminar até as 18h.

No livro *Hábitos atômicos*, o autor James Clear cita um experimento empreendido por Anne Thorndike, médica de atenção primária no Massachusetts General Hospital, em Boston. Ela queria melhorar o hábito alimentar das milhares de pessoas que frequentavam o hospital diariamente, entre funcionários e visitantes, sem que elas sequer percebessem, sem exigir mais força de vontade delas. Resolveu então mudar a organização das bebidas na lanchonete do hospital e em todos os refrigeradores espalhados por lá. Embora ainda tivessem refrigerantes disponíveis, a organização do hospital passou a privilegiar que a primeira coisa que as pessoas vissem fossem garrafas de água. Em três meses, as vendas de água subiram 25,8% e as de refrigerantes caíram 11,4%. Como concluiu James Clear, o "ambiente é a mão invisível que molda o comportamento humano".[52]

Então a partir de agora você já sabe: não menospreze o cuidado com as suas noites de sono e tenha uma garrafa de água sempre ao seu lado. Posso garantir que um descanso adequado e alguns

---

52 CLEAR, J. **Hábitos atômicos**. Rio de Janeiro: Alta Life, 2019. *E-book*.

copos de água a mais no dia são recursos eficientes para recuperar a energia e resolver o que está pendente com muito mais clareza e assertividade. Assim, pegue seu copo de água e vamos para o terceiro item que mais diminui nossa barra de energia de realização.

DECIDIR CANSA MESMO

Parecia ser só mais uma manhã. Ana acordou e foi escolher a roupa que vestiria naquele dia, ela teria uma reunião importante no trabalho. Abriu o armário e a primeira impressão que teve foi de que estava precisando de roupas novas. Parecia que nada combinava ou servia de modo correto. Pegou duas peças, experimentou, olhou no espelho e não gostou, começou a testar outras opções. Depois de alguns minutos, parecia que já estava cansada, levemente irritada e colocou qualquer coisa que pareceu menos ruim para aquele dia. Essa é a história da Ana, mas poderia ser a do Pedro, a minha ou a sua.

E chegamos ao terceiro elemento que drena a nossa energia e força de vontade. Este é tão sorrateiro que, muitas vezes, chega a passar despercebido. Estou falando do *excesso de decisões*.

Decidir cansa. E quanto mais cansados, pior a qualidade das nossas decisões e mais baixa fica a nossa barra de energia de realização. Basta observar quanto é muito mais fácil sair da dieta e cair em tentação quando se está com fome depois de um dia intenso no trabalho e o fast-food está a poucos cliques. Nesse caso, preparar uma comida mais saudável exige não só que você se levante para cozinhar como também decida o que fazer. Porque sua barra de energia de realização está baixa e não consegue suportar passar quarenta e cinco minutos cozinhando algo saudável, mas consegue dar conta de pedir um hambúrguer que vai chegar prontinho na porta da sua casa antes disso.

Em 2022, um estudo realizado com 57 diretores de uma instituição pública federal no Brasil analisou como a sobrecarga de decisões afeta o processo de implementação de programas relevantes para as organizações.

Os diretores foram divididos de maneira aleatória em dois grupos que receberam um cenário hipotético para a aprovação ou não de um determinado programa. Enquanto um grupo recebeu poucas opções, o outro tinha muitas. Embora o estudo não explicite quantas eram as opções disponíveis para cada grupo de trabalho, o que se concluiu com as respostas válidas é que, em termos de interesse, os dois grupos apresentaram o mesmo nível de resultado. Contudo, enquanto 95% das pessoas que tinham poucas opções tomaram uma decisão imediata a respeito de como avançariam com o programa a ser implementado, este número caiu para 66% entre aqueles com muitas opções. Portanto, um número significativo de gestores do grupo que tinha mais opções postergou a sua decisão.[53]

Em 2014, um estudo da Harvard Medical School acompanhou a rotina de atendimento de médicos em consultas, medindo como o cansaço afetava as suas decisões. Os pesquisadores acompanharam o dia a dia de 204 médicos em jornadas de trabalho de oito horas. Médicos são profissionais que precisam tomar muitas decisões a cada consulta, observando seus pacientes, analisando

---

53 DIAS, L. S. Programas de compliance e economia comportamental: como vieses cognitivos podem impactar a tomada de decisão de gestores públicos. Dissertação (Mestrado MPPG) – Escola de Políticas Públicas e Governo. III. **Fundação Getulio Vargas**. São Paulo, 2022. Disponível em: https://bibliotecadigital.fgv.br/dspace/bitstream/handle/10438/32181/DIAS_2022_Dissertacao.pdf?-sequence=3&isAllowed=y. Acesso em: 26 jun. 2023.

sintomas, dores e escolhendo um caminho para o tratamento entre muitos possíveis. Ao fim da jornada, começam a sofrer de uma fadiga de decisão, e eles podem acabar fazendo escolhas mais simples e rápidas. Ao longo do dia, esses médicos passaram a prescrever antibióticos com maior facilidade, por vezes até de modo contraindicado! E a causa disso? O excesso de decisões ao longo do dia, levando a uma sobrecarga cognitiva cumulativa e aumentando as margens para cometerem erros.[54]

Comigo e com você não é diferente. Todas as vezes que sofremos com essa fadiga, além de tomarmos decisões piores, mais apressadas, nossa barra de energia de realização diminui. Isso faz com que as tarefas acabem se tornando maiores do que a energia que temos para realizar aquilo. O dragão é muito maior do que o herói consegue enfrentar. E a tendência é que passemos a adiar o que realmente importa, não só as decisões, mas também as coisas que deveríamos fazer no dia, pois estamos esgotados para tomar as decisões mais difíceis, nos levando às decisões mais fáceis, que normalmente são as piores para aquilo que desejamos para nossas vidas. E aí o médico acaba receitando mais antibióticos, e nós acabamos pedindo um delivery em vez de cozinhar, abrimos o celular em vez de estudar etc.

Mas então como é que podemos evitar essa fadiga de decisões? O melhor caminho é tomar medidas para diminuir a quantidade de decisões.

---

54 LINDER J. A. *et al*. Time of day and the decision to prescribe antibiotics. **JAMA Internal Medicine**, v. 174, n. 12, p. 2029–2031, 2014. Disponível em: https://jamanetwork.com/journals/jamainternalmedicine/fullarticle/1910546. Acesso em: 26 jun. 2023.

Grandes autoridades que foram ou são extremamente bem-sucedidas nas suas áreas, como Steve Jobs, Mark Zuckerberg e Barack Obama, por exemplo, usam o mesmo tipo de roupa no seu dia a dia ou apenas uma combinação muito reduzida delas. Pense no icônico conjunto de camiseta preta e calça jeans de Steve Jobs para ter uma noção do que estou dizendo. Barack Obama tinha sua roupa do dia escolhida por outra pessoa para que ele não precisasse sequer pensar nisso e não gastar seu banco de decisões logo no começo da manhã.

Neste momento, estou escrevendo essa parte do livro com uma camiseta de algodão branca, mas ao longo de todo o livro ela variou entre branca ou preta, completamente lisas, da mesma marca e nada mais. De manhã, quando vou no meu armário, só tenho camisetas de algodão brancas ou pretas para escolher, todas do mesmo modelo e mesmo tamanho, sem nada escrito nelas.

Claro que esse é um exemplo que não é simples ou adequado para qualquer pessoa implementar, mas o que é importante aqui é o conceito de reduzir a necessidade de tomar muitas decisões, o que deve ser feito em todas as oportunidades que você puder.

Em um determinado momento da minha vida, decidi parar de comer açúcar. Ou, pelo menos, parar de adicionar açúcar nas minhas bebidas e comidas do dia a dia. Tomaria café sem açúcar e não colocaria mais açúcar em sucos, chás e todas as outras bebidas que costumava adoçar. Resolvi também que não comeria doce nenhum, para facilitar em acabar com o hábito de colocar açúcar.

A questão é que eu amo café expresso, e sempre que pedia uma xícara em um restaurante ou cafeteria, ela vinha com um docinho de acompanhamento. *Tudo bem*, pensava, *é só não comer*. E eu não comia, nem antes, nem depois do primeiro gole de café. Mas o doce continuava lá, e na próxima vez que eu olhava para ele, precisava decidir novamente que não o comeria. E de novo, e de novo, até pagar a conta e me levantar. A cada xícara de café que eu tomava, precisava decidir muitas e muitas vezes que não ia comer aquele doce ali, e isso contribuía para a minha fadiga acumulada, me drenando energia que me faltaria mais à frente, podendo me fazer tomar a decisão errada em relação a algo que poderia ter consequências graves.

Acredite ou não, cada vez que olhava para aquele quadradinho de chocolate e não comia era uma decisão que eu tinha acabado de tomar. Por isso, decidi diminuir o número de decisões que precisaria tomar de maneira drástica, com uma atitude simples: ao pedir o café expresso, já dizia para não trazerem o docinho, poupando a necessidade de ter que lutar contra a vontade de comê-lo tantas e tantas vezes.

Observe: o que eu acabei de fazer? Tomei a decisão uma única vez. O mesmo pode ser aplicado a quem está de dieta. O melhor lugar para tomar a decisão sobre o que não vai comer esta semana é no mercado, para aquela lata de leite condensado ou pacote de biscoito nem vir para casa. Afinal, se tiver no armário da cozinha, todas as vezes que se lembrar dele vai ter que decidir, de novo, não comer.

Essa técnica de decidir uma única vez pode e deve ser usada a nosso favor em outras situações, também. Por exemplo, com hábitos nocivos que queremos evitar, como olhar demais o celular durante o horário de trabalho, ou evitar algum alimento que nos faz mal. Se você deixa o seu celular sempre do seu lado, seja trabalhando, seja na hora de dormir, é muito fácil para você

pegar o aparelho, às vezes sem nem pensar. Caso esteja querendo diminuir o seu tempo de tela, isso pode ser feito deixando o
aparelho em outro cômodo na hora que for se deitar, ou durante
seu dia de trabalho, tudo isso diminui a quantidade de decisões
que você precisa tomar ao longo do dia.

Agora, uma boa notícia para usar o problema da diminuição
da barra de energia a seu favor. Se por um lado o resultado é a
procrastinação quando a tarefa que você deveria estar fazendo
é maior do que a sua energia daquele exato momento, ou seja,
você adia o que deveria fazer e opta por algo mais simples e
imediato, por outro temos, então, que a lógica é exatamente a
mesma para a tarefa que você *não deveria* estar fazendo.

Uma técnica muito usada por quem quer parar de fumar ou
de beber é simplesmente não ter aquilo em casa. Pois, dessa
maneira, a tarefa aumenta ainda mais, pois, para ter acesso ao
que queremos evitar, precisamos nos arrumar para sair de casa,
talvez pegar o carro, ir até o mercado, pegar fila, depois voltar
para casa etc., ou seja, a atividade é maior, e o tamanho percebido da tarefa, também, elevando a chance de desistirmos de
ir atrás daquilo que queremos evitar. Ou seja, evitamos exatamente o que queremos por meio da procrastinação positiva.

Mas é claro que não é apenas o número de decisões que está
afetando a sua barra de energia de realização e levando você à
procrastinação nociva. É fundamental que você investigue os
seus dias e perceba quais são os outros elementos que podem
estar reduzindo a sua barra de energia de realização, fazendo
com que ela fique menor, tendo menos disposição para enfrentar os seus desafios. Muitas vezes, a procrastinação não vem de
uma vontade preguiçosa de não fazer, mas, sim, porque a sua
energia foi consumida por algo que você conseguiria administrar

melhor caso tivesse tomado consciência previamente e atuado sobre esse fator de modo preventivo.

Seja um cientista de si mesmo: se observe, observe o seu dia, explore outras possibilidades de organização da rotina para que sua barra de energia esteja disponível para o tamanho das tarefas que realmente impactam a sua vida. Assuma o controle e enfrente seus desafios com a energia adequada para o tamanho percebido da tarefa.

Deste livro, a pergunta que eu me fiz durante os estudos foi: se é possível atuar evitando a redução da força da barra de energia, seria possível inverter a tendência e não só evitar a diminuição como também aumentá-la ao longo do dia? Vamos falar sobre isso no capítulo seguinte.

Assuma o controle e enfrente seus desafios com a energia adequada para o tamanho percebido da tarefa.

6

AUMENTE A SUA FORÇA DE VONTADE

Lembro-me como se fosse hoje da primeira vez que fui malhar em uma academia com apoio de um personal trainer. Estava há muito tempo parado e o exercício da vez se chamava supino, uma prática em que o aluno fica deitado no banco de barriga para cima, então, pega uma barra de ferro com anilhas nas pontas e a dinâmica consiste em sustentar essa barra na altura do peito, levantando-a e baixando-a de maneira cadenciada. Quando chegou a minha vez, o personal trainer me entregou a barra vazia, sem pesos nas pontas. Eu me senti envergonhado, perguntei se ele não colocaria peso nenhum e ele disse que, naquele momento, não, que eu precisava treinar o movimento e aumentar a força da minha musculatura primeiro. Acredite, a força de vontade e autocontrole são exatamente assim, elas se comportam de maneira muito similar a um músculo.

Sendo como um músculo, podemos cuidar desse importante mecanismo interno de duas maneiras. A primeira é evitar seu desgaste demasiado com fatores que fazem diminuir sua capacidade de autocontrole e desempenho, como vimos no capítulo anterior. A segunda é exercitar para aumentar sua resistência e performance no dia a dia, exatamente como fazemos em uma academia.

Como este é o seu treinamento para estar apto a enfrentar os seus maiores desafios, se tornando uma pessoa que domina a arte de falar e fazer para conquistar os seus objetivos, neste capítulo veremos três práticas que, como mostram inúmeros estudos científicos, têm o poder de fortalecer a nossa capacidade de autocontrole e, assim, aumentar ou direcionar adequadamente nosso estoque de força de vontade, elevando, inclusive, a barra de energia de realização.

Antes de avançarmos, porém, entendi que devia compartilhar com você essa frase da Carol Dweck, retirada de seu excelente livro *Mindset*: "[...] Não se trata de perfeição imediata. Trata-se de adquirir um conhecimento ao longo de certo tempo: enfrentar um desafio e progredir".[55] Uma das psicólogas mais renomadas do mundo, Carol Dweck é especialista em psicologia social e do desenvolvimento. Professora da Universidade de Stanford, ela apresentou ao mundo a visão de que, quando falamos sobre mentalidade, especialmente sobre nós mesmos, podemos ter um modelo chamado mindset fixo, no qual acreditamos que as coisas são como são e pronto. Indivíduos com mindset fixo tendem a evitar desafios, têm medo do fracasso e sentem-se ameaçados pelo sucesso dos outros. E o outro modelo, o mindset de crescimento, em que acreditamos que é possível aperfeiçoar nossas habilidades, que somos capazes de nos desenvolver por meio do esforço e das nossas experiências. Quando desenvolvemos um mindset de crescimento, nos damos permissão para não desistir quando

---

55 DWECK, C. **Mindset**: a nova psicologia do sucesso. São Paulo: Objetiva, 2017. *E-book*.

surge uma dificuldade e, ao contrário, temos maior capacidade de alcançar êxito mesmo nos momentos mais difíceis.

Estou trazendo tudo isso porque, nessa jornada para acabar com o ciclo de procrastinação que tem atrapalhado tanto a sua vida e de tantas pessoas ao redor do mundo, um dos passos mais importantes é voltar a acreditar que você pode, sim, estabelecer novos hábitos – mesmo que já tenha tentado no passado alguma das práticas que vou lhe mostrar e não tenha conseguido ir adiante.

Esse olhar compassivo e generoso para si mesmo, acredite em mim, poderá transformar tudo em sua vida. Justamente porque a primeira forma de aumentar a força de vontade que eu quero compartilhar com você é por meio da *autoaceitação*.

PERDOAR-SE DIMINUI O ESTRESSE EM RELAÇÃO ÀS TAREFAS

Na maioria das vezes, depois de procrastinar, somos tomados por um sentimento de autopunição, ficamos bravos com nós mesmos por termos adiado tanto algo que era simples ou importante. Esse ato de autopunição nos faz reféns de uma lógica que diminui nossa autoestima, afinal, nesses momentos, direcionamos pensamentos muito duros contra nós mesmos. Nos perguntamos "o que há de errado comigo?", "por que, mais uma vez, eu disse que faria e não fiz?", nos questionamos e cobramos de maneira exagerada muito mais do que deveríamos, porque a verdade é que não há nada de errado em cometer erros. Aliás, poderia afirmar que um elemento essencial do sucesso é o próprio fracasso.

O interessante disso tudo é ser completamente contraintuitivo, inclusive para mim. Eu sou a pessoa que costumava ter orgulho de

me exigir ao extremo e ser o meu maior cobrador pessoal. Embora tenhamos a tendência a pensar que, quanto mais nos cobrarmos, mais longe iremos, a autocrítica excessiva é uma vilã severa.

Exemplo disso são os resultados que um estudo da Universidade Carleton, no Canadá, obteve ao acompanhar 312 estudantes universitários em relação à procrastinação dos estudos durante um semestre. Nesse período, os alunos realizaram duas provas e avaliaram não apenas seu desempenho nos exames como principalmente seus sentimentos em relação a si mesmos e como se analisavam em termos de quanto procrastinaram no preparo para cada uma delas. Os resultados do estudo mostraram uma clara divisão comportamental entre os alunos que se fixaram em um modelo de autocobrança e aqueles que conseguiram se perdoar por ter procrastinado.

O autoperdão reduziu os efeitos negativos da procrastinação e, por isso, diminuiu a repetição desse comportamento na oportunidade seguinte. Foi essa a conclusão do estudo que notou uma clara melhora nos hábitos dos alunos que experimentaram essa abordagem positiva em relação a si mesmos em contraposição com os alunos que, ao continuar se cobrando demais e enxergando a si mesmos negativamente, continuaram também a repetir hábitos ruins que os mantiveram em um ciclo de procrastinação prejudicial.[56] Isso acontece porque, quando nos perdoamos, liberamos espaço mental para focar o que real-

---

56 WOHL, M. J. A.; PYCHYL, T. A.; BENNETT, S. H. I forgive myself, now I can study: How self-forgiveness for procrastinating can reduce future procrastination. **Personality and individual differences**, v. 48, n. 7, p. 803–808, 2010. Disponível em: https://law.utexas.edu/wp-content/uploads/sites/25/Pretend-Paper.pdf. Acesso em: 26 jun. 2023.

mente importa em vez de ficar remoendo aquilo que deixamos de fazer, ou seja, no exato momento em que nos cobramos por algo que não foi feito, podemos tomar dois caminhos: nos punirmos e diminuirmos ainda mais nossa barra de realização, ou nos perdoarmos gerando o efeito exatamente contrário, de aumentar a barra de energia de realização.

Mas como experimentar o autoperdão na prática?

É importante dizer que este é um exercício constante, não bastando fazer um único teste para experimentar os benefícios. Quanto mais praticá-lo, maior o domínio para que a autocrítica não diminua sua força de vontade e, ao contrário, você se conecte com a motivação para agir.

Aqui vai uma prática, organizada em três etapas, para quando você perceber que está procrastinando ou quando estiver triste por ter feito uma promessa que não conseguiu cumprir. Pegue um papel ou um caderno e escreva sobre os três pontos a seguir:

- **Reconheça o que aconteceu de maneira isenta e sem julgamentos**. Simplesmente descreva no papel o que você procrastinou de modo bem direto, como por exemplo "disse que iria na academia hoje e não fui". Agora, quase como um cientista e com base em tudo que já aprendeu até aqui neste livro, reconheça de maneira objetiva qual foi a principal razão que fez você procrastinar. Talvez você possa chegar à conclusão que foi deixar a atividade física muito para o fim do dia, quando sua barra de energia estava muito baixa, ou que a academia é longe demais da sua casa, aumentando o tamanho percebido da tarefa. Faça essa análise sem usar nenhuma palavra de julgamento.

- **Acolha a si mesmo**. Quando você se compromete a se perdoar, coloca a si mesmo em uma posição de força, devolve a si a posição de comandante e não refém da vida. É como se você dissesse que está tão no comando da sua vida que pode, inclusive, perdoar a si mesmo. É o momento de se colocar como seu melhor amigo e reconhecer suas vulnerabilidades ao mesmo tempo em que vê suas qualidades. Estabeleça aqui um compromisso positivo com si mesmo, uma aceitação e um combinado que está tudo bem ter falado e não ter feito, e que você fará um novo teste.

- **Encontre a oportunidade de crescimento**. Ao fazer um compromisso positivo com si mesmo, você também será capaz de perceber uma grande oportunidade de crescimento emocional e comportamental. Como uma etapa de visualização do futuro, escreva como você agirá diferente dessa próxima vez e sobre todos os benefícios que experimentará ao colocar em prática este novo comprometimento.

Minha expectativa é que, ao fim do exercício acima, você experimente um imediato aumento da sua barra de energia de realização, com uma atitude de mindset de crescimento, aumentando a chance de falar e fazer da próxima vez.

O PODER DO PRESENTE

Se existe um hábito que tem robusta evidência científica de que beneficia nossa busca por melhorar a capacidade de autocontrole é a meditação. Ela é uma poderosa ferramenta para treinarmos nossa atenção, nosso foco e regularmos nossos níveis de estresse e ansiedade. Ela nos ajuda a controlar os pensamentos ruminantes, ou seja, pensamos repetitivos e que, muitas vezes, são negativos, os quais temos uma grande dificuldade de desligar. Essa intensidade mental que nos atrapalha, por exemplo, a dormir adequadamente pode ter uma melhora muito grande com as práticas meditativas. E quando esse excesso de pensamentos acontece dentro da nossa cabeça, adivinhe só quais são as consequências? Nossa barra de energia de realização reduz e aumentamos a tendência a procrastinar.

A meditação é uma prática milenar de origem oriental. Nas últimas décadas, diversos estudos científicos têm se debruçado sobre ela para analisar os seus benefícios. A Associação Médica da Califórnia explica quais são os principais tipos de meditação com base na neurofisiologia cerebral e essas técnicas podem ser divididas em três grupos.

- **Meditação concentrada**, na qual a pessoa tenta focar a atenção em um determinado objeto (como um som, mantra, vela ou "terceiro olho", uma capacidade intuitiva). Um exemplo seria a pessoa se sentar em uma posição confortável, colocar um som específico para tocar, como por exemplo o som de OM e passar alguns minutos de olhos fechados, levando sua atenção a esse som. Frequentemente, a atenção tenderá a escapar, pensamentos intrusos vão surgir e a pessoa deve voltar gentilmente sua atenção ao som. Se você pesquisar nas plataformas gratuitas de músicas e vídeos por "som de OM", achará vários exemplos.

- **Mindfulness ou meditação de atenção plena**, na qual a pessoa busca estar atenta e ser receptiva a quaisquer estímulos internos e externos que venham à consciência. Os praticantes desse modelo de meditação buscam estar presentes no agora, prestando atenção aos estímulos que surgem. Por exemplo, ao escovar os dentes, estar atento à temperatura da água, ao toque da escova na boca, ao contato da toalha ao secar o rosto. Durante a refeição, estar presente para mastigar de modo consciente, sentindo os sabores que surgem a cada garfada.

- **O terceiro tipo é uma combinação das duas**, na qual a pessoa tem um objeto de foco, mas quando surgem outros estímulos, ela os percebe e, então, retorna ao objeto de foco original.[57]

Claro que essa é uma explicação superficial, não tenho o propósito aqui de lhe ensinar a meditar, mas, ainda assim, ao longo da leitura, vou mostrar uma maneira de aumentar a sua barra de energia de realização em segundos, usando o poder da meditação.

A prática da meditação faz com que a atividade cerebral no lobo frontal aumente e, como já vimos, essa é a parte responsável pelas funções cognitivas como tomada de decisão, planejamento e atenção. Diversos estudos têm comprovado isso por meio de acompanhamentos por imagem das mudanças

57 SHAPIRO, D. Meditation: clinical and health-related applications. **The Western Journal of Medicine**, v. 134, n. 2, p. 141–142, 1981. Disponível em: https://www.ncbi.nlm.nih.gov/pmc/articles/PMC1272535/pdf/westjmed00222-0055b.pdf. Acesso em: 26 jun. 2023.

que acontecem em nosso cérebro quando meditamos.[58] Em especial, um estudo analisou como a prática prolongada da meditação traz benefícios para a rede neural, que consegue alcançar níveis de atividade mais altos e, portanto, aumenta os níveis de consciência e capacidade de alcançar o estado meditativo mais rápido.

Esse estudo trabalhou com dois grupos, o primeiro formado por praticantes do budismo que meditavam há mais de quinze anos; e o segundo formado por um grupo de voluntários saudáveis sem experiência. Os meditadores budistas tinham uma frequência de atividade cerebral muito superior à dos voluntários. Além disso, o estudo notou algumas diferenças no padrão entre os dois grupos quando ambos estavam em estado de repouso, sugerindo que a prática prolongada da meditação tem um efeito contínuo em como experimentamos nosso dia. Por fim, o estudo concluiu que a nossa capacidade de atenção é uma habilidade treinável.[59]

Outro estudo desenvolvido por pesquisadores da Universidade de Oregon, nos Estados Unidos, analisou como a meditação já causava um impacto de curtíssimo prazo na região

58 NEWBERG, A. *et. al.* The measurement of regional cerebral blood flow during the complex cognitive task of meditation: a preliminary SPECT study. **Psychiatry Research**, v. 106, n. 2, p. 113–122, 2001. Disponível em: https://pubmed.ncbi.nlm.nih.gov/11306250/. Acesso em: 5 jul. 2023.

59 LUTZ, A. *et al.* Long-term meditators self-induce high-amplitude gamma synchrony during mental practice. **Proceedings of the National Academy of Sciences of the United States of America**, v. 101, n. 46, p. 16369–16373, 2004. Disponível em: https://pubmed.ncbi.nlm.nih.gov/15534199/. Acesso em: 5 jul. 2023.

cerebral responsável pela nossa autorregulação, capacidade de resolver conflitos e até mesmo no controle da pressão sanguínea. Eles perceberam que, a partir de três horas de práticas meditativas acumuladas ao longo dos dias, a melhora na atividade cerebral já era notável. Mas notaram que, com onze horas de prática, os níveis de integridade e eficiência da massa branca, que é a área localizada abaixo do córtex cerebral e que conecta os neurônios da massa cinzenta[60] para que a comunicação, ou seja, as sinapses possam acontecer, eram ainda melhores.

Com isso, os pesquisadores sugerem que, além da autorregulação emocional, a meditação pode reduzir e até mesmo atuar como prática preventiva em diversos transtornos mentais.[61] Christopher Filley, professor de Neurologia e Psiquiatria do Campus de Medicina Anschutz da Universidade do Colorado, acredita que a massa branca também tem um papel importante em distúrbios que acreditamos que sejam originados na massa cinzenta, como o mal de Alzheimer.[62]

E, talvez, você esteja pensando: *Ok, Geronimo, mas como eu começo a meditar?* Hoje, existem inúmeros aplicativos e

---

60 A massa cinzenta é a camada em que são encontrados os nossos neurônios, é uma fina camada na superfície do cérebro considerada a mais importante para as funções cognitivas. (N. A.)

61 TANG, Y.-Y. *et al.* Short-term meditation induces white matter changes in the anterior cingulate. **Proceedings of the National Academy of Sciences of the United States of America**, v. 107, n. 35, p. 15649–15652, 2010. Disponível em: https://pubmed.ncbi.nlm.nih.gov/20713717/. Acesso em: 5 jul. 2023.

62 FILLEY, C. Como a massa branca se diferencia da massa cinzenta do cérebro. **BBC**, 17 maio 2022. Disponível em: https://www.bbc.com/portuguese/geral-61426491. Acesso em: 26 jun. 2023.

até mesmo playlists disponíveis nas plataformas de áudio e vídeo com meditações guiadas. No entanto, um bom ponto de partida é fazer pequenas pausas para simplesmente *respirar conscientemente*, ou seja, prestando atenção no movimento de entrada e saída do ar, como ele enche seus pulmões de modo que sua mente esteja totalmente concentrada apenas no ato de respirar. Uma pequena pausa para três respirações já é suficiente para silenciar a mente e conseguir se colocar no presente, tendo mais clareza do que é mais importante *agora*.

Essa pausa para três respirações já faz com que interrompamos a resposta automática do nosso cérebro de "luta ou fuga" quando nos vemos diante de algo que causa estresse. Isso acontece porque, como pesquisadores comprovaram, nossa respiração muda de acordo com nosso estado emocional. Quando nos sentimos ansiosos e com raiva, a respiração tende a ficar mais irregular, curta e superficial, então quando respiramos profundamente, sinalizamos para nosso corpo e cérebro que já podemos nos acalmar, relaxar.[63] E, assim, voltamos ao controle.

Para que o seu corpo reconheça o benefício da respiração e desligue o sistema de luta ou fuga, que causa o estresse e a ansiedade, é fundamental que essa respiração seja abdominal (*belly briefing*). Ela basicamente consiste em expandir o abdome durante a inspiração, como se estivesse enchendo um balão de ar, e encolher durante a expiração, fazendo o movimento de esvaziar o balão. Para colher os melhores benefícios, você pode exagerar

---

63 SEPPÄLÄ, E; BRADLEY, C.; GOLDSTEIN, M. R. Research: why breathing is so effective at reducing stress. **Harvard Business Review**, 29 set. 2020. Disponível em: https://hbr.org/2020/09/research-why-breathing-is-so-effective-at-reducing-stress. Acesso em: 26 jun. 2023.

nesse movimento de projetar o abdome para fora na inspiração e puxar para dentro na expiração. O ato tenderá a ativar o nervo vago que faz parte do sistema parassimpático e ajudará no processo de desaceleração imediata do seu sistema.

Sugiro que você experimente esse exercício ao menos três vezes ao dia e em todas as vezes que perceber que está começando a se sentir estressado ou ansioso. Todas as vezes que fizer esse exercício, tenderá a experimentar um aumento quase que imediato da sua barra de energia de realização ou, na pior das hipóteses, evitará que ela diminua ao longo do dia.

O MOVIMENTO FAZ BEM E NOS FAZ SENTIR BEM

Assim como a meditação nos faz aumentar o domínio da nossa capacidade de autorregulação e atenção, a atividade física também traz grandes benefícios no que diz respeito às nossas respostas impulsivas e à construção de hábitos saudáveis em todas as esferas da nossa vida.

Quando fazemos alguma atividade física, além de experimentarmos um alto nível de foco no presente, ativamos também diferentes áreas do cérebro, incluindo a produção de hormônios que são importantes para nossa regulação. O exercício estimula a produção de serotonina, que atua na modulação do humor; de adrenalina, que nos estimula a ter energia para nos movimentarmos e superarmos nossos limites; de endorfina, um dos nossos hormônios do prazer e do bem-estar; e de dopamina, que, como vimos no capítulo 2, nos traz prazer e satisfação, pois é um neurotransmissor ligado ao nosso sistema de recompensa. Os exercícios, portanto, nos ajudam a ativar toda essa cadeia de bem-estar e disposição de maneira positiva e produtiva.

Além de tudo isso, a atividade física aumenta significativamente nossa força de vontade, como ficou claro em um estudo promovido pela psicóloga Megan Oaten e o biólogo Ken Cheng, pesquisadores da Universidade Macquarie em Sydney, Austrália. Eles acompanharam um grupo de pessoas durante quatro meses, para a construção de uma prática regular de atividade física. Aqueles que passaram a se exercitar apresentaram melhora significativa em termos de foco, redução das distrações e, inclusive, passaram a ingerir menos alimentos e bebidas de má qualidade ao mesmo tempo em que sentiram ter maior controle das emoções.[64]

E o melhor jeito de colocar a atividade física na rotina é começando de maneira simples. Um estudo realizado nos Estados Unidos analisou os níveis de atividade física de cerca de 5 mil pessoas e fez uma estimativa de que, por ano, mais de 110 mil mortes no país poderiam ser prevenidas caso pessoas adultas entre 40 e 85 anos adicionassem pelo menos dez minutos de atividade moderada ou intensa por dia.[65]

Seja uma caminhada, eliminar o elevador ou fazer atividades dentro de casa. Movimentar-se faz bem e faz você se sentir bem e com muito mais disposição para realizar os seus objetivos.

64 OATEN, M.; K. CHENG. Longitudinal gains in self-regulation from regular physical exercise. **British Journal of Health Psychology**, v. 11, n. 4, p. 717–733, 2006. Disponível em: https://pubmed.ncbi.nlm.nih.gov/17032494/. Acesso em: 26 jun. 2023.

65 SAINT-MAURICE, P. F. *et al.* Estimated number of deaths prevented through increased physical activity among US adults. **JAMA Internal Medicine**, v. 182, n. 3, p. 349–352, 2022. Disponível em: https://jamanetwork.com/journals/jamainternalmedicine/fullarticle/2788473. Acesso em: 26 jun. 2023.

Obviamente, consulte um profissional de saúde para se certificar qual é o nível de atividade física que você está habilitado a fazer.

Antes de seguirmos, preciso fazer uma rápida validação contigo, para ter certeza de que você está no caminho correto para se tornar uma pessoa que domina a arte de falar e fazer, vencendo a procrastinação na maior parte das vezes. Até aqui vimos que sua maior meta é fazer com que o tamanho percebido de uma tarefa caiba na sua barra de energia de realização, pois se não couber você tenderá a procrastinar. Nessa primeira parte do livro, você aprendeu algumas técnicas para impedir que sua barra de energia diminua e, também, para voltar a aumentá-la ao longo do dia.

Minha expectativa é que você comece a usar algumas dessas técnicas de forma consistente no seu dia a dia. Elas não são todas as técnicas que existem, mas selecionei para você as principais que mapeei com os meus estudos, observação dos meus milhares de alunos e com minhas práticas diárias. Agora vamos atacar por todos os lados, passando a trabalhar no tamanho percebido da tarefa. Vejo você no próximo capítulo.

Movimentar-se faz bem e faz você se sentir bem e com muito mais disposição para realizar os seus objetivos.

MUDE SUA PERCEPÇÃO SOBRE CADA TAREFA

"O que comove os homens não são as coisas, mas a opinião real sobre elas."

Epicteto[66]

Hoje em dia, para mim, é muito natural falar em público. Se alguém me entregar um microfone ou se me avisarem que daqui a trinta minutos eu terei que falar para 10 mil pessoas, essa é uma tarefa que eu percebo como absolutamente pequena. Não é um desafio, é uma tarefa que cabe numa pequena quantidade de força de vontade. Porém, para outras pessoas, falar em público é algo enorme, que demanda uma força de vontade imensa, muita preparação, causa alto estresse e, por isso, o impulso automático é o de procrastinar o planejamento da palestra, o curso de oratória ou mesmo a resposta para um convite como esse.

Por isso que gosto muito da frase de Epicteto, um dos principais filósofos estoicos da Grécia Antiga, em que ele afirma que não são as coisas que nos perturbam, mas a nossa interpretação delas. Esse dito nos diz muito sobre o que eu chamo de tamanho percebido de uma tarefa. Muitas vezes, procrastinar uma atividade não está ligado especificamente à complexidade dela, mas sim a como nosso cérebro percebe esse afazer. Se dou um significado muito grande para uma tarefa, a probabilidade é que ela se torne algo que exige um alto nível de energia para

66 *In:* SCHOPENHAUER, A. **Aforismos para a sabedoria de vida**; São Paulo: Martins Fontes, 2002. P. 19.

conseguir realizá-la e, por consequência, vou ter a tendência de procrastinar a sua realização muitas e muitas vezes.

Como já falei algumas vezes contigo ao longo dos capítulos anteriores, precisamos cuidar das duas valências mais relevantes para vencermos a procrastinação, de modo que nossa barra de energia de realização seja adequada para comportar o tamanho percebido da tarefa que desejamos realizar naquele momento. Energia suficiente tende a ser sinônimo de realização, o oposto é o caminho da procrastinação. A barra de energia de realização está diretamente ligada à força de vontade, e o tamanho percebido da tarefa está ligado diretamente ao peso que nosso cérebro dá para aquilo que precisamos realizar.

Esse descompasso entre uma tarefa que percebemos como muito grande, em um momento em que temos pouca energia disponível, faz com que o nosso cérebro ative, involuntariamente, os nossos mecanismos de fuga da tarefa e nos leve a procrastinar com mais intensidade do que o normal, lembrando que tudo isso acontece de modo automático, imperceptível e praticamente imediato. Na prática, sentamo-nos para escrever um e-mail importante e, quando damos conta, estamos vendo as ofertas de algum site de compras on-line. No limite, o cérebro pensa: *Não tem como eu dar conta desse desafio de jeito nenhum agora, por isso não vou nem tentar*. Vale sempre lembrar que o outro lado da equação também pode gerar procrastinação, que é o caso de quando fazemos algo que consideramos fácil demais; o cérebro vai tender a ficar entediado e vai se distrair com atividades paralelas, o que significa perda de foco e atenção.

E isso é algo que também pode acontecer inconscientemente, como demonstraram pesquisadores de Harvard e da Universidade Waterloo. Eles analisaram diversos estudos sobre a divagação mental, fosse ela relacionada ou não com a tarefa a ser executada pelo indivíduo e se essa divagação acontecia de maneira intencional ou não.[67] Em resumo, essa viagem mental pela inadequação da barra de energia de realização com o tamanho percebido da tarefa, seja para um lado ou para o outro, pode nos levar à procrastinação se não tivermos mecanismos para lidar com isso.

Obviamente, o maior desafio do procrastinador não é procurar uma tarefa mais complexa para realizar e não ficar entediado, mas, sim, o contrário. O mais comum é que o cérebro perceba uma tarefa como algo maior do que a barra de energia de realização consegue dar conta naquele momento. Portanto, o que vamos fazer daqui até o fim deste capítulo é aprender algumas formas de "hackear" o cérebro, para que ele perceba as tarefas como algo muito menor do que como você normalmente as encara. O desdobramento lógico disso é simples: se o cérebro percebe uma tarefa como menor, precisamos de menos força de vontade para realizá-la, por consequência, procrastinamos muito menos. Para isso, vamos analisar como colocar em prática três técnicas para o ajuste da percepção das tarefas.

CRIE ETIQUETAS ADEQUADAS PARA AS SUAS TAREFAS

Um dia, peguei carona com um amigo e, no caminho, ele passou para buscar uma terceira pessoa, que eu não conhecia. Quando paramos na frente da casa dele, essa pessoa entrou no carro e, assim

---

67 SELI, P. *et al*. Mind-wandering with and without intention. **Trends in Cognitive Sciences**, v. 20, n. 8, p. 605–617, 2016. Disponível em: https://www.ncbi.nlm.nih.gov/pmc/articles/PMC5004739/. Acesso em: 26 jun. 2023.

que se sentou no banco, já começou a reclamar de dores no corpo; não conseguia fazer um movimento sequer sem dizer como estava dolorido. Meu amigo, então, perguntou o que havia acontecido e ele respondeu: "É que eu malhei hoje, aí fiquei todo doído, que saco!".

O nosso cérebro (olha ele de novo aí) está sempre colocando etiquetas nas coisas que nos acontecem ao longo da vida para poder se lembrar delas depois e já saber como reagir se uma situação semelhante aparecer. E as duas etiquetas principais são a de "coisas boas" e "coisas ruins". É como se houvesse duas caixinhas, e o cérebro estivesse o tempo todo tentando colocar as coisas em uma ou na outra, tudo isso para quando aquela mesma situação acontecer novamente ele poder *evitar* aquelas que foram catalogadas como ruins e *buscar mais* daquelas que foram colocadas na caixinha de coisas boas.[68]

Mas o que isso tem a ver com a procrastinação?

Bom, vamos voltar à história. Quando ouvi o cara falando sobre malhar daquele jeito negativo, logo entendi o que ele estava fazendo com si mesmo e perguntei:

— Mas você foi para a academia contra a sua vontade ou você queria malhar?

— Não, eu queria malhar, é importante, eu preciso emagrecer — ele disse.

— Agora fiquei confuso! Malhar é bom ou é ruim? — falei.

---

68 Neste estudo você consegue entender um pouco mais sobre como funciona o sistema de catalogação do cérebro. LI, H. *et al*. Neurotensin orchestrates valence assignment in the amygdala. **Nature**, v. 608, n. 7923, p. 586–592, 2022. Disponível em: https://www.nature.com/articles/s41586-022-04964-y. Acesso em: 26 jun. 2023.

— É bom, é claro — ele respondeu.

— Essa dor aí, é porque você malhou ou não malhou? — completei.

— Porque malhei — respondeu ele.

— Então ela é boa? — perguntei novamente.

— Sim, ela é muito boa — concordou ele.

Naquele momento, ele mudou a sua fisiologia de "estou com dor, que chato" para "é mesmo, estou com dor porque malhei, que era o que eu desejava". Essa mudança de postura tem um efeito muito importante no cérebro: ele pegou a categoria "malhar" que estava na "caixinha de coisas ruins" e a moveu para a "caixinha de coisas boas".

A dor muscular depois do exercício físico faz parte do processo, e a classificação dessa atividade e desse sentimento de dor será feita automaticamente pelo seu cérebro, baseado nas suas experiências de vida, crenças e outros elementos que ele se baseará para colocar numa caixinha ou outra.

O que vamos fazer a partir de agora é usar a nossa intenção para escolher em que caixa colocaremos determinadas experiências. Afinal, quando coloco algo na caixinha de coisas boas o meu sistema como um todo vai querer mais daquilo ou evitar, se tiver sido colocado intencional ou involuntariamente na caixinha de coisas ruins.

Com base nisso, supondo que você queira fazer atividade física, depois da academia, precisa reforçar de maneira intencional que as dores dessa experiência são positivas: "Nossa, olha essa dor, ela mostra que eu malhei, que os meus músculos estão crescendo, que eu estou ficando saudável!". Agora, se focar sua atenção em uma divagação mental que diz: "Nossa, toda vez que eu malho, fico cheio de dor e não consigo nem

levantar o braço no dia seguinte", o cérebro vai colocar o exercício na caixinha ruim. E o que for ruim, ele vai evitar, enquanto o que for bom, vai se esforçar para ter mais.

O caso da academia é a ilustração de uma lógica que pode ser aplicada para tudo o que quisermos realizar. Por exemplo, imagine que uma pessoa está de dieta e vai para uma festa de criança. Eu sempre digo que o cozinheiro de festa de criança é o pior inimigo de quem está de dieta, porque ele faz bolinha de queijo, coxinha, brigadeiro, rissole etc. E aí, o que acontece? A pessoa está lá sentada de forma inocente na cadeira da festa, até que passa o garçom e oferece um brigadeiro, mas ela está de dieta e diz um sonoro *não*, mas olha ao redor, vê todo mundo comendo brigadeiro e pensa: *Olha que droga, estou de dieta, logo hoje, abrindo mão do brigadeiro enquanto todo mundo está se esbaldando no doce, deveria ter começado essa dieta depois*.

O que essa pessoa acabou de fazer? Disse para o cérebro que evitar o brigadeiro é ruim. Logo, ela acabou de catalogar a experiência de vencer o brigadeiro, de se manter na dieta como algo ruim, automaticamente o sistema dela vai passar a evitar essa atitude. Mas qual atitude, a de permanecer de dieta? Não, a de evitar o brigadeiro. O que vai acontecer em seguida é que o tamanho percebido da tarefa de "evitar o brigadeiro" se tornou muito maior. E quando isso acontece, lembra do que falamos? O cérebro vai precisar de muito mais força de vontade para evitar o próximo brigadeiro que lhe oferecerem. Agora se, conscientemente, ela diz para si: "Caramba, olha que legal, todo mundo comendo açúcar, que faz muito mal para a saúde, e eu sou a única pessoa buscando ser saudável nessa festa", o cérebro tenderá a catalogar a experiência de permanecer de dieta como algo bom, e evitar o brigadeiro se torna algo muito mais simples e, muitas vezes, até prazeroso.

E isso é algo que devemos fazer conscientemente, algo que é possível e foi mostrado por Alia Crum, professora da Columbia Business School. Em uma pesquisa, ela separou dois grupos de pessoas e entregou a elas milk-shakes para medir a saciedade após a ingestão da bebida. Para o primeiro grupo, ela disse que tomariam um milk-shake saudável, de baixa caloria. E para o segundo grupo, ela disse que tomariam um milk-shake altamente calórico, feito especificamente para saciar qualquer pessoa.

Ela, então, mediu a saciedade dos dois grupos por meio da quantidade que cada um tinha de grelina, o hormônio que gera a fome: quanto mais grelina no sangue, mais fome eu sinto. E os resultados foram como o esperado. O primeiro grupo, que acreditava estar tomando uma bebida saudável, teve uma baixa normal de grelina no corpo. Já o segundo, que foi informado que a bebida que ele estava tomando tinha um alto poder de gerar saciedade, apresentou uma queda expressiva nos níveis de grelina no sangue, indicando que estavam completamente saciados, sem fome alguma após a ingestão da bebida. Mas qual foi a grande surpresa de Crum? Os dois grupos receberam o mesmo milk-shake, idênticos. A única coisa que mudou foi a informação com a qual o cérebro das pessoas foi alimentado, e isso foi o suficiente para alterar a bioquímica do corpo delas para gerar mais saciedade.[69]

E nós podemos fazer o mesmo de modo consciente com o nosso cérebro. Como estamos na busca de fazer a tarefa percebida ser menor, para necessitar de menos força de vontade, e automaticamente procrastinamos menos, se a experiência como um

---

69 A MILKSHAKE Experiment. 2014. Vídeo (3min38s). Publicado pelo canal NPR. Disponível em: https://www.youtube.com/watch?v=pIfhxt0JCok. Acesso em: 16 fev. 2022.

todo é vista como ruim, ela se torna automaticamente maior aos nossos olhos, e vamos tender a evitá-la, a procrastiná-la; se é vista como boa, é percebida não só como algo menor, mas como algo que desejamos realizar, algo que é fácil e prazeroso de se fazer.

Minha expectativa sobre você, daqui para frente, é que comece a catalogar de modo consciente as experiências daquilo que você deseja para sua vida como algo positivo. Fazer isso é uma habilidade, e toda habilidade se adquire com conhecimento, prática e repetição. Você acabou de conhecer, agora precisa praticar e repetir. Para isso, vou deixar alguns exemplos que vejo meus alunos mudarem na prática e experimentarem resultados impressionantes.

- **Acordando cedo:** em vez de se levantar da cama e resmungar "nossa, como estou cansado", troque por "nossa, o dia hoje vai render muito mais".

- **Fazendo dieta:** troque o "como eu queria comer isso" por "mais uma vitória, estou ficando cada vez mais saudável evitando isso".

- **Economizando dinheiro:** troque o "como eu queria comprar isso" por "evitando isso estou muito mais perto de realizar meu sonho de…".

- **Fazendo atividade física:** troque o "que chato, tô cheio de dor" por "essa dor mostra que venci, que malhei e estou mais saudável".

- **Permanecendo fiel no casamento:** troque o "nossa, perdi uma oportunidade de ficar com essa pessoa" por "como é maravilhoso honrar a minha família e voltar para casa com dignidade".

Comece a catalogar de modo consciente as experiências daquilo que você deseja para sua vida como algo positivo.

Acredito que você pegou a lógica. Vamos avançar para outras técnicas para diminuir o tamanho percebido da tarefa pelo seu cérebro.

VENÇA O PERFECCIONISMO

Meu primeiro vídeo gravado para o YouTube foi em 2013, de lá para cá já foram milhares de vídeos, posts, stories e outras postagens nas redes sociais. Como meus alunos conhecem minha história e muitos deles me conheceram justamente por meio desses conteúdos que venho compartilhando há anos, muitos acabam dividindo comigo que têm o desejo de postar mais nas redes sociais, mas acreditam que nunca estão prontos. Que o post não é bom o suficiente; o vídeo, nem se fala. Eles começam a gravar e param no meio do caminho, outros nem ousam apertar o botão de gravar. Seguindo a mesma lógica, já vi pessoas que não convidam outros para sua casa, pois acreditam que ela nunca está organizada o suficiente. Livros que nunca foram publicados porque nunca ficaram bons o suficiente. E-mails que demoram muito para serem enviados, pois a pessoa acredita que sempre tem algo mais a melhorar.

Será que algo parecido com isso já aconteceu com você? Se isso lhe trouxe alguma memória à tona, então é possível que tenha sido vítima do próprio perfeccionismo. Saiba que não está sozinho nessa, esse cuidado excessivo que pode chegar a nos fazer deixar tudo para a última hora ou até perder prazos importantes é muito comum, especialmente quando a tarefa é algo que vemos como tendo uma importância enorme.

A professora Sabrina Mendes Vieira, da Universidade Federal de Santa Catarina, liderou um estudo no qual a análise de

228 alunos de universidades do sul do Brasil mostrou que, quanto mais perfeccionista o aluno é, mais ele tende a procrastinar. Isso porque a constante busca pela perfeição o coloca diante de expectativas muito difíceis – se não impossíveis – de serem alcançadas.[70] E, como já falamos tantas e tantas vezes ao longo do livro, se eu aumento muito o meu grau de autoexigência, especialmente por meio do perfeccionismo, eu estou aumentando o tamanho percebido da tarefa, o que vai exigir muita força de vontade, e gerará a quase inevitável procrastinação de tarefas relacionadas àquela atividade. Além disso, o perfeccionismo pode ser uma máscara para a insegurança em relação à tarefa, como se, através da procrastinação, pudéssemos ganhar mais tempo para tentar chegar ao nível de nossas expectativas.[71] E a gente sabe que isso só levará à frustração, pois adiar não muda o inevitável: a perfeição dificilmente será alcançada.

Lembra-se da história do desejo dos meus alunos de postarem nas redes sociais? Saiba que, enquanto estávamos preocupados com uma crase ou com a clareza daquela frase no segundo parágrafo do post, outras pessoas já fizeram muitos outros posts com menos tempo e esforço. Então como é que a gente pode resolver essa questão do perfeccionismo?

Podemos olhar para o que observou Shirzad Chamine, pesquisador que já atuou como docente das Universidades de Yale

---

70 VIEIRA, S. *et al*. Perfeccionismo e procrastinação: um estudo com alunos de Ciências Contábeis de uma universidade federal da região sul do Brasil. **Pretexto**. Belo Horizonte, v. 21, n. 4, p. 96-110, 2020.

71 VAN BEERS, H. Procrastination. **Tijdschrift voor diergeneeskunde**, 1994. Disponível em: https://basicknowledge101.com/pdf/Procrastination. pdf. Acesso em: 5 jul. 2023.

e Stanford, que, ao estudar os mecanismos de autossabotagem da mente humana, identificou o perfeccionismo como um dos principais fatores que limitam o desenvolvimento humano. Em seu livro *Inteligência positiva*, Chamine afirma que o perfeccionismo, que ele chama de "sabotador insistente", faz com que a pessoa se torne altamente crítica e exigente consigo mesma, colocando padrões altos demais em tudo que faz e, muitas vezes, procrastinando tarefas por preferir nem fazer algo do que fazer sem a perfeição imaginada.[72]

Segundo o autor, uma das técnicas mais eficientes para vencer o perfeccionismo é mais simples e mais poderosa do que parece: basta tomar consciência dos pensamentos perfeccionistas assim que eles surgirem.

Esses pensamentos sabotadores atuam nas sombras do nosso subconsciente, e por isso são tão insistentes. Mas eles não são fortes o suficiente para resistir à nossa percepção, que os atinge como um foco de calor atinge um boneco de neve, derretendo-os. Chamine sugere, também, estudar e rotular esses diferentes pensamentos sabotadores, dando nomes a eles, como "workaholic" ou "controlador". Dessa forma, ao percebermos que esses pensamentos perfeccionistas estão se aproximando mais uma vez, podemos separá-los de nós e, em vez de dizer que não estamos conseguindo terminar de escrever aquele post ou aquele e-mail importante, dizer que o workaholic dentro de nós não está nos deixando terminar esse e-mail, pois ele quer continuar trabalhando. Aos poucos, vamos conseguindo facilitar

---

72 CHAMINE, S. **Inteligência positiva:** porque só 20% das equipes e dos indivíduos alcançam seu verdadeiro potencial e como você pode alcançar o seu. Rio de Janeiro: Fontanar, 2013. p. 224.

esse processo e nos permitindo achar o equilíbrio entre fazer um ótimo trabalho e o perfeccionismo exagerado, até o ponto de perceber que mesmo que exista um errinho de digitação em algum lugar, ele não será o fim do mundo.

Mas, mais uma vez, isso depende de mudarmos, conscientemente, o jeito como pensamos e como olhamos para as coisas. A lógica é a mesma, se adotamos um padrão perfeccionista, o tamanho percebido da tarefa será enorme, e tenderemos a procrastinar. No momento em que diminuímos os pensamentos perfeccionistas, o tamanho percebido da tarefa diminui, e a exigência de força de vontade é muito menor, diminuindo e, às vezes, até acabando com a procrastinação. Está percebendo o padrão?

DIVIDA GRANDES TAREFAS EM PARTES MENORES

Das estratégias que apresentei neste capítulo, esta provavelmente é a mais intuitiva e mais simples de ser aplicada, e envolve uma mudança simples de atitude, mas que vai gerar uma enorme mudança de percepção no seu sistema. Quando pensamos em uma tarefa imensa, pensamos apenas no esforço que será necessário para realizá-la e na possível recompensa que vamos ter ao completá-la. Porém, como já vimos, se a nossa força de vontade não condiz com o tamanho da tarefa, não conseguimos conclui-la e, algumas vezes, ela vai parecer tão desafiadora que sequer vamos iniciá-la! E existe um outro problema significativo aqui, se não terminamos a grande tarefa também não recebemos a recompensa que estaria lá no fim, e ficamos só na vontade e na frustração, aumentando a chance de procrastinar ainda mais na próxima tentativa de realizar aquela tarefa.

Mas quando paramos para pensar nessas tarefas imensas, podemos ver que elas são compostas, na verdade, por diversas etapas que, somadas, criam essa tarefa maior. James Watson e Francis Crick, por exemplo, os cientistas que descobriram o formato de dupla hélice do DNA, quando entraram no laboratório pela primeira vez não tinham exatamente este único objetivo. Na verdade, eles possuíam uma série de experimentos a serem realizados, resultados a serem analisados e passos a serem considerados. Cada uma dessas etapas era uma tarefa menor, e cada tarefa possuía sua própria recompensa menor. Essas recompensas, somadas, formaram, no fim, a recompensa maior por terem feito uma das maiores descobertas da história da ciência.[73]

E tudo bem, a gente não precisa, aqui, querer mudar o rumo da humanidade com a nossa lista de tarefas, mas podemos usar essa mesma estratégia para qualquer atividade que estamos pensando em realizar. A Paty, minha esposa, certa vez, precisava montar cinquenta slides para uma demanda importante de um cliente na área de atuação dela, que é marketing de significado. Como o prazo final para a apresentação do trabalho estava chegando, ela se determinou a montar esses cinquenta slides em um mesmo dia. E até quem nunca montou uma apresentação desse tamanho sabe que é uma tarefa significativamente grande.

Em resumo, já tinham alguns dias que ela acordava para fazer os slides, mas nunca completava a meta. Isso aconteceu

73   AMABILE, T. M.; KRAMER, S. J. The power of small wins. **Harvard Business Review**, maio 2011. Disponível em: https://hbr.org/2011/05/the-power-of-small-wins. Acesso em: fev. 2023.

até que, em determinado momento, ela acordou, viu o tamanho do trabalho que tinha pela frente e simplesmente travou. Praticamente todos nós travaríamos, ainda mais se a demanda chegasse em um horário em que a nossa barra de energia de realização não estivesse no tamanho adequado (lembre-se de que existem quatro tipos de pessoas, algumas com mais energia pela manhã, outras à noite, algumas experimentam o pico à tarde e outras variam ao longo do dia). Para ajudar, sugeri que ela olhasse de um jeito diferente para aquela tarefa. Em vez de ter um item na lista de tarefas dizendo "montar cinquenta slides", ela deveria separar em cinco itens e, ao fim de cada um, me mandar uma mensagem comemorando que completou.

- ☑ Montar dez slides.
- ☑ Montar dez slides.
- ☑ Montar dez slides.
- ☑ Montar dez slides.
- ☑ Montar dez slides.

Sim, ela ainda teria que montar cinquenta slides, mas agora conseguiria dividir o seu tempo, focando apenas dez slides por vez, um número muito mais confortável e menos assustador. Ou seja, a tarefa diminuiu consideravelmente de tamanho, exigindo menos energia de realização. E quando ela terminou o primeiro item e me mandou uma mensagem, seu organismo teve um disparo de dopamina como recompensa, aumentando sua energia e engajamento para ir para o item seguinte. Dito e feito: nesse dia, ela alcançou um recorde pessoal, e conseguiu entregar uma apresentação incrível para o seu cliente.

Essa mesma técnica pode ser usada, por exemplo, para ir malhar na academia. Se você acorda, abre os olhos e pensa em tudo o que precisa fazer para ir até à academia, em todos os exercícios que terá, no banho depois do treino, no lanche pós-treino etc., a tarefa parece uma coisa imensa. Mas se você pensa que sua primeira missão é apenas levantar da cama e lavar o rosto quando o despertador tocar, já parece muito menor. Agora só precisa colocar a roupa que você já tinha deixado organizada de véspera e ir até a academia, tarefas menores para o seu cérebro, e que ficam muito mais fáceis de realizar. Ao chegar na academia, a única tarefa é fazer o primeiro exercício, o que também pode ser feito, é só um exercício. Depois, fazer o segundo. E assim por diante. Foque isso e realize. Quando estou malhando, penso regularmente: *Mais um exercício feito, vamo pô…*

Claro que isso parece até óbvio demais. Pegar uma tarefa maior e dividi-la em tarefas menores apenas para conseguir uma quantidade maior de descargas de dopamina, em vez de uma vez só, lá no fim. Mas não subestime o poder do simples e do óbvio, e eu vou te mostrar o porquê.

Como parte expressiva da população mundial, eu também tenho dias que não estou com a menor vontade de sair da cama,[74] se pudesse passava o dia embaixo do cobertor, cobrindo até a cabeça. Confesso que são dias muito sombrios, muito pesados e difíceis. Trabalhar, nesses dias, parece impensável e impossível. Neles, o que me ajuda a conseguir viver, funcionar e vencer esse

---

74 Lembre-se sempre de que esse sentimento de não querer sair da cama precisa ser esporádico. Caso seja persistente, procure um profissional da área de saúde para dividir com ele o que tem acontecido. (N. A.)

sentimento é dividir não apenas as tarefas grandes em pequenas, mas dividir as pequenas em tarefas menores ainda, até que elas me exijam o mínimo esforço possível.

Por exemplo, ir tomar banho é muito difícil em dias assim, mas tirar a coberta de cima de mim, não. Depois de tirar a coberta e ficar ali por alguns segundos eu penso: *consigo me sentar na beira da cama*. E, uma vez que estou sentado na beira da cama, levantar se torna uma tarefa bem mais simples. Estando em pé, caminhar até o banheiro é uma tarefa pequena que penso que consigo fazer. Depois, no banheiro, andar até o chuveiro, depois abrir o registro etc., e, aos poucos, o meu dia volta ao normal, e eu consigo realizar o que tenho que realizar.

Como diria Timothy Pychyl, um importante pesquisador sobre procrastinação, a motivação acompanha a ação.[75] Não devemos esperar estarmos motivados para agir. É agindo que a gente se motiva, e, muitas vezes, essas ações precisam ser as menores possíveis, para fazermos o que é possível fazer naquele momento. Essa é uma das melhores formas de minimizar a procrastinação.[76]

75 PYCHYL, T. **Solving the procrastination puzzle:** a concise guide to strategies for change. Nova York: TarcherPerigee, 2013.

76 RABIN, L. A.; FOGEL, J.; NUTTER-UPHAM, K. E. Academic procrastination in college students: the role of self-reported executive function. **Journal of Clinical and Experimental Neuropsychology**, v. 33, n. 3, p. 344–357, 2011. Disponível em: https://pubmed.ncbi.nlm.nih.gov/21113838/. Acesso em: 26 jun. 2023.

O objetivo dessas técnicas é fazer o seu cérebro perceber a tarefa como menor, algo que você possa dar conta no momento em que ela precisa ser executada. Seja se afastando dos pensamentos perfeccionistas, seja etiquetando-a de forma intencional como algo bom, dividindo uma grande tarefa em pedacinhos menores ou fazendo as três coisas ao mesmo tempo. Dessa forma, você sempre poderá ajustar o tamanho percebido da tarefa (lembre-se de que somos nós que regulamos o tamanho que a tarefa tem para nós) à sua barra de energia.

Em um programa que tenho para ajudar milhares de pessoas a vencerem a procrastinação, um dos compromissos que os mentorados firmam comigo é a realização de pequenos hábitos diariamente. Começamos com hábitos menores e, ao longo do tempo, vamos aumentando o desafio. Essa estratégia faz uma diferença tão grande na capacidade de realização dos mentorados que 97% dos que se propuseram a fazer isso reportaram mudanças concretas em vários aspectos de sua vida menos de sessenta dias. Caso queira saber um pouco mais sobre essa comunidade que foi desenhada para os membros terem apoio para vencer a procrastinação e aumentarem significativamente o resultado que eles têm na vida, vou deixar um QR code aqui para você acessar e saber um pouco mais dela. Basta apontar o seu celular para a imagem abaixo e acessar o link que aparecerá para você.

É agindo que a gente se motiva.

JEJUM MODERADO E DIRECIONADO DE DOPAMINA

"Um dos maiores fatores de risco para se tornar dependente de qualquer droga é o fácil acesso a ela."

Dra. Anna Lembke[77]

No capítulo anterior, apresentei algumas técnicas para você hackear o seu cérebro e realizar aquilo que tem que ser feito para se tornar uma pessoa que domina a arte de falar e fazer. E quando você usa aqueles recursos e realiza o que se planejou para fazer, isso faz com que haja a liberação de um neurotransmissor sobre o qual já falamos diversas vezes ao longo do livro e que está no centro do nosso sistema de recompensa interna: a dopamina.

Ela é tão relevante que resolvi dedicar um capítulo inteiro para falar sobre ela, porque a gestão inadequada da dopamina pode muito facilmente se transformar na maior razão da procrastinação e dos hábitos ruins. Ela, que tem tudo para ser a sua maior aliada na busca das suas conquistas, pode acabar se tornando a maior vilã da procrastinação, do deixar para depois, da escolha pela recompensa imediata em vez de focar o que você deseja a longo prazo.

A dopamina é um neurotransmissor conectado ao nosso sentimento de recompensa e prazer, entre eles podemos

---

77 LEMBKE, A. **Nação dopamina**: por que o excesso de prazer está nos deixando infelizes e o que podemos fazer para mudar. São Paulo: Vestígio, 2022.

listar o prazer em realizar algo e em concretizar alguma coisa. Quando fazemos algo que dispara a liberação de dopamina em nosso sistema, nosso cérebro registra essa atividade e a cataloga como algo bom e, sempre que possível, vai buscar repeti-la, justamente em busca de mais daquele bem-estar que você experimentou da última vez, decorrente da liberação do neurotransmissor no seu organismo.

Uma hipótese muito aceita na comunidade científica é que a dopamina foi um dos principais recursos para nossa sobrevivência.[78] Imagine a cena comigo. Há 160 mil anos, uma família sai para buscar algum alimento, seja para coletar algumas frutas ou caçar pequenos animais. Não havia mercados, aplicativos de entrega de comida nem geladeira com potinhos para armazenar comida que possa ter sobrado de dias anteriores. A sobrevivência daquele grupo precisava ser conseguida praticamente a cada dia.

Nessa busca por alimentos, o grupo acha uma árvore repleta de frutos maduros, isso é a certeza de que eles terão alimento para sobreviver por mais alguns dias. Imediatamente, o sistema libera uma descarga de dopamina. Aqueles que acharam a árvore se sentem muito bem com aquilo e vão, por consequência, querer experimentar um pouco mais daquela sensação, o que fará com que eles queiram acordar no dia seguinte em busca de mais alimentos.

O mesmo vale para o instinto de perpetuação da espécie, em que durante a relação sexual existe um aumento significativo

---

78 SALAMONE, J. D.; CORREA, M. The mysterious motivational functions of mesolimbic dopamine. **Neuron**, v. 76, n. 3, p. 470–485, 2012. Disponível em: https://www.cell.com/neuron/fulltext/S0896-6273(12)00941-5. Acesso em: 26 jun. 2023.

da dopamina circulante,[79] justamente para que o cérebro catalogue essa prática como positiva, para que seja repetida, e nossa espécie se reproduza e se perpetue. Alguns adultos lendo este livro talvez estejam pensando algo como "mas eu não preciso de dopamina para entender que sexo é bom", então, eu diria que é o contrário, justamente porque existe a liberação de dopamina é que catalogamos aquilo como bom e tendemos a querer repetir.

Resumindo, essa foi uma estratégia evolutiva do nosso organismo, de quando o *Homo sapiens* ainda vivia nas savanas africanas, entre 160 e 300 mil anos atrás. Os cientistas descobriram, só muito recentemente, que a mesma região do nosso cérebro que está ligada ao prazer também está ligada à dor e ao sofrimento. E, no centro disso, temos a dopamina, que funciona como uma recompensa.

O problema é que não vivemos mais na savana africana e não precisamos mais acordar para caçar e coletar alimentos. Hoje vivemos em um mundo com geladeira e pacotes de biscoitos cheios de gordura e açúcar que deixam o nosso cérebro ensandecido e cheio de dopamina. Temos um sistema de centenas de milhares de anos atrás vivendo em um mundo moderno. Nós não evoluímos como espécie; o ambiente, sim, e teve tanta mudança que nosso sistema de recompensa fica bastante confuso nos dias atuais.

---

79 FIORINO, D. F. *et al*. Dynamic changes in nucleus accumbens dopamine efflux during the Coolidge effect in male rats. **The Journal of Neuroscience**, v. 17, n. 12, p. 4849–4855, 1997. Disponível em: https://www.jneurosci.org/content/17/12/4849. Acesso em: 26 jun. 2023.

Hoje em dia, existem muitas coisas, boas e ruins, que geram dopamina. Realizar exercícios físicos, por exemplo, gera dopamina. Concluir um projeto, também. Mas a nicotina do cigarro, o álcool, a pornografia, navegar aleatoriamente nas redes sociais, trafegar entre aplicativos do celular, fazer compras, receber caixinhas na porta de nossa casa e comer alimentos cheios de gordura ruim e açúcar também geram dopamina e, consequentemente, a sensação de prazer que tenderá a nos levar a repetir essas atividades.

Há, inclusive, o termo *capitalismo límbico*[80], cunhado por David Courtwright no livro *The Age of Addiction* [A era do vício, em tradução livre], que se refere a como a economia atual está constantemente em busca de ativar o centro de prazer e recompensa para nos convencer a consumir. Em uma entrevista, o autor disse que as empresas que operam seguindo essa lógica "produzem serviços e produtos que oferecem golpes rápidos de recompensa cerebral. E esses produtos que recompensam o cérebro operam por meio do sistema límbico, uma parte muito antiga do cérebro que lida com o prazer, a motivação e a memória de longo prazo. O capitalismo límbico é extremamente lucrativo, mas é socialmente regressivo".[81]

O que quero dizer com isso é que: para realizar mais, precisamos ter consciência de como administramos nossa relação com o prazer, e, para fazer isso, precisamos nos tornar incríveis gestores da nossa dopamina, pois só assim teremos uma transformação com impacto a longo prazo.

---

80 COURTWRIGHT, D. **The age of addiction**. Cambridge: Belknap Press, 2019.

81 COURTWRIGHT, D. T. What is limbic capitalism? **Damage**, 2 jun. 2021. Disponível em: https://damagemag.com/2021/06/02/what-is-limbic-capitalism/. Acesso em: maio 2023.

A DOPAMINA E A PROCRASTINAÇÃO

Em seu livro, *Nação dopamina*, a dra. Anna Lembke explica que nosso sistema faz a gestão da dopamina sempre buscando a homeostase.[82]

Resumidamente, a homeostase é a busca pelo equilíbrio que o corpo está constantemente fazendo. Em todos os aspectos fisiológicos, o corpo busca o equilíbrio. Por exemplo, na temperatura corporal: se a nossa temperatura interna cai abaixo de um nível de conforto, começamos a tremer para gerar calor e nos esquentarmos, isso é homeostase; e, se ficamos com febre e a nossa temperatura sobe acima do ideal, começamos a suar para abaixar a temperatura.

O mesmo acontece com a dopamina. Quando experimentamos algo que gera um aumento súbito de dopamina, apesar de sentirmos um grande prazer instantaneamente, o corpo, buscando retornar a um estado de equilíbrio, atua para diminuir aquela quantidade de dopamina circulante que aumentou drasticamente depois daquele primeiro momento de euforia. Um exemplo clássico são as drogas, como a cocaína, que causam um aumento de dopamina circulante entre 200% e 300%. Isso gera um desequilíbrio, o que fará o sistema atual buscar a homeostase. Se no frio trememos e no calor suamos, nesse caso o sistema usará mecanismos para gerar "resistência à dopamina". Usei o termo resistência à dopamina para abranger uma série de medidas tomadas por nossos sistemas para que aquele pico de dopamina não ocorra mais.

82   LEMBKE, A. **Nação dopamina:** por que o excesso de prazer está nos deixando infelizes e o que podemos fazer para mudar. São Paulo: Vestígio, 2022.

Acredito que tudo vá fazer sentido para você agora. O que nosso organismo faz é aprender a lidar com essa euforia, com esse excesso de dopamina. Assim, na próxima vez que a pessoa usar essa droga, o corpo já saberá reagir mais rapidamente, barrando a absorção desse excesso de dopamina. Assim, o que acontece na prática? A pessoa precisará de uma quantidade maior da substância para atingir a mesma euforia daquela primeira vez. É nessa hora que o indivíduo busca maiores doses ou drogas mais fortes no quesito geração de dopamina. E, assim, começa um cabo de guerra pelo excesso de dopamina de um lado e pela busca da homeostase do outro, que é basicamente o mecanismo do vício.

E o que isso tem a ver com a procrastinação? Tudo a ver!

Hoje em dia, nos tempos modernos, um dos nossos grandes desafios é a sobrecarga de dopamina e a nossa facilidade de atingi-la. Eu dei o exemplo das drogas, por serem mais simples de se compreender, mas essa sobrecarga também vem do excesso de estímulos que estão constantemente ao nosso redor. O maior exemplo para ficar claro são as telas para as quais estamos sempre olhando, como o celular, o computador, o tablet, a televisão. As séries de televisão, os jogos eletrônicos e as redes sociais são fontes que geram esse excesso de dopamina, são micro doses de euforia que geram uma sensação de bem-estar.

Na prática, para ficar bem claro como funciona o nosso sistema, quando a pessoa acorda de manhã e ainda na cama pega o celular e começa a navegar pelas redes sociais, ela tem uma descarga relevante de dopamina. No dia seguinte ela tenderá a repetir o mecanismo, em busca de mais dopamina, só que a homeostase torna o sistema mais resistente, logo, ela tenderá a ficar por mais tempo no celular para experimentar o mesmo prazer. E como nosso cérebro é uma máquina de repetição, especialmente no que está relacionado à dopamina, cada dia que você repetir essa atitude, tenderá a ficar mais automático. Isso acontece porque estamos usando o mesmo mecanismo de sobrevivência de 160 mil anos atrás, acordamos em busca de dopamina, só que o mecanismo que nos manteve vivos agora está nos destruindo.

E como já disse antes, existem outros estímulos que são facilmente obtidos graças aos confortos da vida moderna, como cigarros, doces industrializados e fast-foods gordurosos que podem ser entregues em casa com um clique do celular. Tem muita gente que se vicia em comprar objetos, também, como roupas, calçados, objetos de decoração e plantas, pois a compra também pode ser uma fonte geradora de dopamina.

É claro que o efeito de tudo que listei não é exatamente como o de drogas altamente viciantes, mas o mecanismo é muito similar, e o corpo e o cérebro entram no mesmo cabo de guerra entre excesso e equilíbrio da dopamina. Dessa forma, o corpo se torna mais resistente à substância, e precisamos realizar aquilo que nos dá prazer com mais frequência ou em maiores quantidades.

E o pior vem agora: atividades que nos gerariam naturalmente um bem-estar, como concluir uma tarefa cotidiana importante, ler um bom livro, ver o pôr do sol, não geram mais essa sensação. Sabe por quê? Porque o corpo está resistente à dopamina, da mesma forma que acontece com o uso de drogas. Então, ler um bom livro não gera a mesma descarga de prazer do que passar de fase em um jogo cheio de estímulos, sons e cores, no celular.

Regularmente, quando estou dando um treinamento para empresas ou palestras, pergunto quem costumava curtir sentar-se em paz e pegar um bom livro para ler com uma xícara de café ou chá. O que vejo é 80% ou mais das pessoas levantarem a mão. Em seguida, pergunto quem experimentou uma diminuição nesse prazer recentemente, e praticamente 100% das pessoas que levantaram a mão faz o mesmo com a nova pergunta. A melhor hipótese para explicar esse fenômeno é justamente a resistência à dopamina gerada pelo excesso de estímulos vindos de outros meios, como o uso constante do celular, por exemplo.

Atualmente, observo pessoas andando na rua olhando para a tela enquanto seguram o celular na mão, pegam nele quando param no sinal vermelho, isso sem contar quando não olham para a tela em tempo real enquanto dirigem. Pessoas em mesa de restaurantes checando o celular freneticamente. Com tantas descargas de dopamina vindas das telas em geral, ler um livro ficou muito chato. Com toda a resistência à dopamina, aquela "micro dose" do livro não tem mais o poder de gerar prazer.

E quando nos tornamos resistentes à dopamina, vamos precisar de fontes cada vez mais artificiais e poderosas. Espero que eu esteja claro naquilo que estou querendo demonstrar.

Quando ficamos viciados ou extremamente necessitados desses estímulos, sejam as redes sociais, algum jogo, algum aplicativo ou alguma droga, nós nos acostumamos a esses níveis abundantes de dopamina e tendemos a perder todo o prazer de fontes naturais desse neurotransmissor tão importante na nossa motivação. Assim, com uma má gestão de dopamina, nossa tendência é a de procrastinar tarefas que custam mais trabalho para serem concluídas, preferindo tarefas mais simples, como a de jogos eletrônicos, ou de receber um like em uma foto nova ou em um comentário postado, pois gerarão dopamina de maneira mais rápida, simples e abundante do que, por exemplo, lavar a louça, terminar um relatório, terminar um capítulo deste livro. Resumindo, o cérebro está sempre em busca da fonte mais rápida, simples e abundante de dopamina, e estamos dando isso a ele por meio das telas dos celulares.

Mas é claro que eu não estaria falando tudo isso se não fosse apresentar uma solução. Como padrão, estou sempre testando métodos em mim mesmo para melhorar minha produtividade e vencer minha tendência natural a procrastinar. Depois que funcionou em mim, tenho como padrão disponibilizar para a Comunidade No Comando um grupo de pessoas que eu guio para vencer a procrastinação e alcançar seu potencial máximo como seres humanos. Nesse caso, a melhor solução que já experimentei para virar esse jogo se chama "o jejum de dopamina".

Vamos falar dele agora de modo detalhado para que você possa colocar em prática imediatamente.

O JEJUM DE DOPAMINA

Quando descrevo que ajudei meus alunos, estou falando de milhares de pessoas que tiveram sua vida mudada para melhor de uma forma significativa com uma simples medida. Eu quero, aqui, que você entenda como funciona o seu organismo, para você poder hackear o seu cérebro e passar a funcionar de uma forma muito mais produtiva e natural a partir de agora.

Para entrarmos no jejum de dopamina propriamente dito, preciso que você entenda a teoria da dra. Anna Lembke. Ela explica muito bem como funcionamos por meio da metáfora da gangorra, que está diretamente ligada à questão da homeostase que já lhe expliquei.

Veja, quando uma pessoa fuma um cigarro, não é a nicotina que possui dopamina, é o processo todo do ato de fumar que faz o nosso sistema gerar essa descarga de dopamina. É um prazer? Para o cérebro é, por isso que ele quer repetir aquela experiência, exatamente como fazia há 160 mil anos quando achava uma árvore com frutas maduras para alimentar sua família. Mas fumar é um prazer não natural e exagerado, pois o aumento de dopamina causado por drogas socialmente aceitas ou não, é muito grande. A cocaína, como já disse, pode gerar um aumento de até 300% de dopamina. A metanfetamina pode chegar a 1.000% de aumento de dopamina. Qual é o problema disso?

A balança tem dois lados. Em um dos lados temos o sistema que vai colocando a dopamina circulante. Imagine uma balança de antigamente daquelas de feira. Quando eu coloco frutas ou legumes de um lado a balança tende naquela direção. E aí, o que o feirante fazia? Colocava um peso do outro lado para trazer o equilíbrio novamente, é como se ele estivesse buscando a homeostase da balança. Nosso sistema vai agir do mesmo jeito. Então, segundo a dra. Lembke, toda vez que enchermos um lado da balança de experiências que geram dopamina exagerada, o nosso sistema reage no caminho contrário, gerando o que ela chama de "gremlins", que serão colocados do lado oposto da balança.

Ou seja, quando alguém tem um aumento exagerado de dopamina de um lado da gangorra, o cérebro responde, gerando um aumento de gremlins do lado oposto para trazer o equilíbrio da balança novamente. Só que, caso o uso de algo que aumente a dopamina se repita regularmente, o lado dos gremlins ficará "sobrecarregado" para contrabalancear esse aumento todo. Isso vale para qualquer que seja a fonte de excesso de dopamina: cigarro, pornografia, redes sociais, videogames, celular, comidas de má qualidade etc.

Para sair dessa armadilha da gestão da dopamina, é fundamental você entender o que acontece quando a pessoa retira o objeto que está gerando a circulação de dopamina em excesso. Lembra-se da imagem da balança? Se ela está equilibrada com um monte de dopamina de um lado e com os gremlins do outro, quando essa pessoa retira o objeto que gera a dopamina vai desencadear o efeito contrário. A balança pesa enormemente para o lado dos gremlins. Então, agora, estamos em uma situação oposta.

Como já disse antes, o sistema de prazer e o de sofrimento fazem parte do mesmo circuito. Com a retirada da dopamina e o peso para o lado dos gremlins a pessoa tende a experimentar um sentimento negativo. Mais uma vez, usando a cocaína para fins didáticos, a balança da pessoa que para de usar a droga despenca para o lado dos gremlins, pois o objeto que gerava a dopamina desordenadamente é retirado. Na prática, a pessoa passará pela fase da abstinência.

A lógica é exatamente a mesma para as situações do dia a dia. Imagine uma criança que passa algumas horas diante da televisão jogando videogame. O que está acontecendo com ela? Uma sobrecarga de dopamina, dia após dia. Logo, a balança coloca vários gremlins do lado oposto para reequilibrar o sistema, que é a homeostase. Os pais identificando aquele excesso, retiram o videogame, guardam dentro do armário e dizem para a criança ir lá fora chutar uma bola ou brincar no quintal. A criança obedece. Só que, nesse momento, a balança dela está pesada para o lado dos gremlins, afinal, retirou a dopamina do outro lado. O que vai acontecer na prática? A criança ficará entediada, pois chutar uma bola na parede ou brincar no quintal não vai gerar dopamina suficiente para trazer a balança de volta para o lado do prazer. É quase como se a criança estivesse passando pela fase da abstinência. O mesmo acontece com adultos que abusam do uso de celulares e equivalentes.

A boa notícia é que o sistema é inteligente e, mais uma vez, buscará a homeostase. Com a diminuição dos estímulos que geram o excesso de dopamina, os gremlins começarão a ser retirados, e a balança voltará ao estado original, logo, a pessoa irá experimentar a volta do prazer, que já não sentia, pelas pequenas coisas.

Agora que você já entendeu o mecanismo, vamos falar do que acontece com grande parte da população mundial, que acontecia comigo e com muitos dos meus alunos quando chegaram a mim e que, talvez, também aconteça contigo.

A pessoa acorda pela manhã e logo nos primeiros momentos do dia já pega o celular. O uso do aparelho gera várias descargas de dopamina, o que não é natural. Do lado de lá, em busca da homeostase, o sistema coloca alguns gremlins na balança. Depois de algum tempo repetindo essa rotina, ler um livro, fazer atividade física ou preparar uma refeição saudável, que seriam excelentes fontes de dopamina produtiva, parecem extremamente chatas, afinal, tem muitos gremlins do lado de lá. O resultado disso é que pessoa acaba pegando o celular mais uma vez em busca de algum prazer no começo do dia.

Pela minha experiência como professor, palestrante e treinador de pessoas, pude identificar que o grande desequilibrador da balança do adulto moderno é o uso excessivo de celular, especialmente em momentos-chave do dia. Com isso, a balança está "viciada", cheias de gremlins de um dos lados, e as quantidades de dopamina que atividades cotidianas produtivas geram não são suficientes para satisfazer esse sistema que está sempre esperando quantidades maiores dela. E como fazemos, então, para resetar a balança? É justamente aqui que entra o jejum de dopamina.

A ideia do jejum não é, de repente, livrar o organismo por completo desse estímulo. Afinal, somos quase que dependentes do celular para a vida moderna. Pagamos contas, falamos com pessoas, conhecemos outras, resolvemos problemas, recebemos notícias de praticamente todo o mundo, compramos coisas, isso para citar o mínimo. Dizer para você tirar o celular da sua vida é muito contraproducente, pois a balança já está toda pendendo para o lado dos gremlins, e isso só fará você desistir do processo de vencer a procrastinação. Quando fazemos um jejum moderado e direcionado, vamos atuar no momento do dia que mais vai gerar impacto na sua vida.

Entenda que nosso sistema sempre buscará repor o que foi retirado dele, especialmente quando temos dopamina envolvida. Nós vamos usar essa função do cérebro a nosso favor. Vamos substituir aquilo que nos gera dopamina infrutífera, que nos faz procrastinar, por algo que nos levará na direção de realizar nossos sonhos, de nos tornarmos mais saudáveis, mais presentes com nossa família, mais produtivos. Muitos dos meus alunos descrevem que, logo nas primeiras semanas da prática do jejum de dopamina, substituíram o uso excessivo do celular por atividades físicas, por exemplo. Pela leitura. Pela preparação de um bom e saudável café da manhã. Por uma boa conversa com seus filhos, pais e cônjuges. Aos poucos,

voltaram a sentir bem-estar e prazer na realização dessas atividades simples.

Os melhores momentos para fazer o jejum moderado e direcionado de dopamina são aqueles cruciais para você ter um dia produtivo, que é justamente quando você está ligando ou desligando o seu corpo como um todo, que acontece primordialmente na primeira e na última hora do seu dia. É tudo uma questão de hábito. Se todo dia você acorda e já pega o celular, seu sistema vai esperar isso todos os dias, e dificilmente ficará 100% satisfeito até ter realizado essa atividade.

Portanto, no jejum moderado e direcionado, nossa meta é ter uma vida livre da dopamina infrutífera que vem do celular na primeira e na última hora do dia, o que vai gerar um reequilíbrio na balança. Como nosso sistema buscará repor aquela dopamina, essa é a hora de inserir, de modo consciente e previamente estabelecido, as atividades produtivas que desejamos.

Aqui tem uma pegadinha que pode colocar por água abaixo todo o seu trabalho de vencer a procrastinação por meio dessa técnica. Se você começar com a carga máxima de uma hora todos os dias, de manhã e de noite, pode ser que o seu sistema não suporte esse tempo todo. Aí, caso você acabe pegando o celular antes do tempo, reforçará o hábito de se socorrer dele em vez de deixá-lo de lado. É quase como se o seu sistema dissesse: "É, não tem jeito, a dopamina vai vir do celular mesmo". Por isso, a grande meta nesse primeiro momento não é completar a hora inteira de jejum, mas cumprir o que você tiver estabelecido. Eu prefiro que você estabeleça cinco minutos e faça, do que estabeleça uma hora e acabe cedendo ao aparelho nos últimos vinte minutos.

Vamos mais uma vez entender como o seu cérebro funciona. Se você estabelecer uma hora e pegar no celular com quarenta minutos, a probabilidade maior é que ele identifique como fracasso e não gere dopamina pela vitória, mas sim por ter pegado o celular mais uma vez. Quando você estabelece cinco minutos e cumpre, a dopamina virá da vitória sobre o celular e não pela impulsividade de pegar o equipamento antes do tempo.

Outro elemento crucial do jejum é fazer a escolha do que colocará no lugar do uso do celular. Vamos para um exemplo concreto. Imagine que, em um primeiro momento, você estabeleça que fará jejum de quinze minutos ao acordar e que nesse período fará a leitura da Bíblia. O que acontecerá nos primeiros dias? Seu sistema estará cheio de gremlins na balança, logo, é provável que não sinta tanto prazer pela substituição. Ler não será tão estimulante como navegar aleatoriamente pelas redes sociais. Entretanto, dia após dia, o sistema vai retirando os gremlins, e você experimentará o prazer pelas coisas mais comuns e frutíferas da sua manhã e poderá gradualmente aumentar o tempo do seu jejum até alcançar uma hora completa.

Ouço dos meus alunos que muitos passaram a acessar o celular apenas quando chegam no trabalho, horas e horas depois de terem acordado. Automaticamente, passaram a ter uma rotina matinal com leitura prazerosa, atividade física, meditação e comidas muito mais saudáveis. Pela noite, experimentam maior qualidade de sono, tempo para orar com a família e conversar sobre o dia, entre muitos outros ganhos.

No livro *Dopamina: a molécula do desejo*, os autores Daniel Z. Lieberman e Michael E. Long fazem uma afirmação interessante:

> Do ponto de vista da dopamina, ter coisas não interessa. O que importa é consegui-las […] Os circuitos de dopamina no cérebro só podem ser estimulados pela possibilidade de algo que seja brilhante e novo. […] O lema da dopamina é: "Quero mais". […] Portanto, a dopamina não é a molécula do prazer: é a molécula da antecipação. Para desfrutar o que temos, em oposição ao que é apenas possível, nosso cérebro precisa fazer a transição da dopamina, orientada para o futuro, para substâncias químicas que se concentram no presente.[83]

Quando ajustamos nossa rotina, somando todas as técnicas que vimos até agora, trazemos recompensas para o nosso organismo que estimulam outros neurotransmissores, como serotonina, ocitocina e endorfina, que formam um conjunto de hormônios que nos traz a sensação de felicidade, de presença e queda nos níveis de estresse. Quando fazemos esse balanceamento, conseguimos retomar o controle da nossa rotina e das nossas ações e, adivinhe só, o sistema dirá "quero mais", só que agora pedindo por atividades que fazem você vencer a procrastinação e avançar na direção do que deseja para a sua vida.

Antes de terminarmos este capítulo, vou guiar você para desenhar o seu jejum moderado e direcionado de dopamina. Para tanto, basta responder às perguntas que farei a seguir.

---

83 LONG, M. E.; LIEBERMAN, D. Z. **Dopamina:** a molécula do desejo. Rio de Janeiro: Sextante, 2023.

Exercício

- Qual é o objeto que tem desequilibrado a sua balança de dopamina e que precisa ser moderado pelo jejum? Para a grande maioria da população será o celular, mas para algumas pessoas poderia ser um tablet, a televisão ou outro objeto.

  Deixe sua resposta aqui:

  _____

- Por quanto tempo você começará fazendo o seu jejum pela manhã? Normalmente, meus alunos respondem 15, 30, 45 ou 60 minutos. Mas lembre-se de que a regra maior aqui é estabelecer um tempo que seja cumprido. Você tem mais interesse em mostrar para o seu sistema que agora você fala e faz do que ter recaídas.

  Deixe sua resposta aqui:

  _____

- Durante o jejum, qual é a atividade que você colocará no lugar? Alguns alunos meus escolhem leitura, oração, caminhadas leves, fazer um café da manhã saudável ou qualquer outra atividade que seja simples, sem atrito e que possa ser percebida como pequena pelo seu cérebro. Queremos facilitar o processo.

  Deixe sua resposta aqui:

  _____

Agora simplesmente coloque aqui sua definição que foi feita anteriormente:

Ficarei _____ minutos sem usar _____.

No lugar disso, farei _____.

Quando sentir que ficou natural cumprir o que estabeleceu acima, vá aumentando gradativamente o tempo até alcançar uma hora.

Para a rotina da noite, basta seguir o que já estabelecemos nos capítulos anteriores e assim terá uma rotina noturna que melhora a sua qualidade de sono.

Progresso não tem linha de chegada, então, se você desejar ter uma ajuda mais direta minha no seu processo de vencer a procrastinação e ter os resultados que deseja na vida, sugiro considerar se tornar um membro da Comunidade No Comando, para isso, basta voltar na página 150 deste livro e utilizar o QR code que deixei para você.

Progresso não tem linha de chegada.

APENAS
FAÇA

> *"Uma decisão real é medida pelo fato de você ter realizado uma nova ação. Se não houver ação, você ainda não decidiu de verdade."*
>
> Tony Robbins[84]

É importante você entender que vencer a procrastinação é uma batalha diária. Aliás, vou ser ainda mais específico: a luta contra a procrastinação nunca acaba, e ela vai acontecer em vários momentos ao longo do dia. Em diversas situações o seu cérebro vai realizar a medida do tamanho percebido da tarefa em relação a sua barra de energia de realização. Quando a equação apontar que a tarefa é maior do que a energia daquele momento, seu cérebro tenderá a buscar uma tarefa menor, para receber alguma descarga de dopamina mais rápida, de forma simples e abundante. Por outro lado, você já aprendeu também que o ato de agir tende a gerar dopamina, criando um sistema de força de vontade que se retroalimenta. Neste capítulo, vamos falar justamente de uma técnica para manter esse sistema de ação, recompensa e mais ação funcionando quase que sem cessar.

Em outras palavras, se você deseja aprender uma técnica simples para ativar sua melhor versão realizadora e produtiva, leia atentamente este capítulo.

---

84 TONNY ROBBINS. A real decision is measured by the fact that you've taken a new action. If there's no action, you haven't truly decided. 19 maio 2016. **Twitter**: TonnyRobbis. Disponível em: https://twitter.com/TonyRobbins/status/733321850562826240. Acesso em: 6 jul. 2023.

Na busca pela motivação de realizar a primeira ou a próxima tarefa, existe um momento em que o cérebro faz as contas e negocia consigo mesmo para se convencer de fazer ou não aquela tarefa que está diante de nós. Esse é o momento-chave na luta contra a procrastinação. De maneira genérica, apenas para fins didáticos, as partes do cérebro que estão negociando são o sistema límbico (responsável pela nossa regulação emocional) e o córtex pré-frontal (responsável pela nossa análise racional). Ou seja, é o embate emocional *versus* racional discutindo para decidir se a próxima tarefa deve ser feita ou não. Algumas vezes, essa batalha é bem perceptível, é quase uma discussão acontecendo dentro da sua cabeça em tempo real, algumas pessoas narram que conseguem até sentir a divisão: a voz do racional dizendo "faça" e o emocional argumentando "hoje tá chovendo, amanhã a gente começa". Outras vezes, tudo acontece muito rapidamente, em fração de segundo e fora do nível consciente.

Um exemplo é quando nos propomos a acordar no próximo dia cedo para nos exercitar. É possível que a discussão interior comece no momento em que você abrir os olhos, assim que o despertador tocar. Aí começa uma série de negociações para decidir se levanta cedo mesmo, se sai da cama, se encara o frio que faz lá fora etc. Isso vale para qualquer atividade que estamos dispostos a fazer e que estamos tentando não procrastinar. Você deve saber o quanto é difícil vencer essa discussão, porque, na prática, sabemos que, nesse contexto, quase sempre quem fala mais alto ganha, e o nosso lado emocional é muito bom de grito. Então, sempre que chega a hora da negociação interior, o nosso lado racional tende a sair perdendo, e vamos procrastinar aquela tarefa.

Sendo sincero, eu, Geronimo, não gosto muito de malhar. No entanto, amo *quem eu me torno* quando malho, e isso me faz sempre pensar em como seria bom acordar cedo para ir me exercitar no dia seguinte. Claro que raramente acordo motivado para essa tarefa, e confesso que é quase sempre mais difícil do que só levantar e ir. Então eu me pergunto, assim como você já deve ter se perguntado em situações semelhantes: onde foi parar aquela motivação da noite anterior, quando decidi que iria me exercitar? Onde foi parar a motivação de quando decidi parar de comer doces? Onde foi parar a motivação?

Por muito tempo, treinadores, coaches, palestrantes, líderes e profissionais da área de produtividade e gestão acreditaram que a nossa motivação funcionasse como a locomotiva de um trem que puxa os vagões. Que era ela quem puxava as nossas ações, que seriam os vagões do trem, nessa metáfora. Conseguiu visualizar? A motivação funcionando, ali, para puxar a ação, para mover a ação. O problema é que as ações só aconteciam se a motivação as puxasse e, na grande maioria das vezes, não acordamos tão motivados assim para cumprir os grandes desafios da vida, muito pelo contrário.

Contudo, está claro que essa ideia já está ultrapassada, pois, como demonstrou Timothy Pychyl, psicólogo canadense, que foi professor na universidade de Carleton, no Canadá, a relação é, na verdade, o inverso: é a ação que puxa a nossa motivação.

Nesse trabalho, Pychyl e sua equipe acompanharam estudantes universitários, avaliando a relação deles com a realização de tarefas e a procrastinação. E o que eles viram, após esse acompanhamento, foi que, apesar de muitas vezes acharem que a tarefa ia ser muito difícil, muito custosa, quando eles de fato

começavam a tarefa, percebiam que ela era muito mais fácil do que tinham imaginado.[85]

Lembra-se de que falei que não gosto de malhar? Pois é, quando acordo, ir me exercitar parece ser a coisa mais desafiadora que eu poderia pensar em fazer naquele momento pela manhã, e o padrão seria eu entrar nesse estado de negociação. Mas, se eu me levanto da cama, lavo o rosto e vou para a academia, sem ficar negociando comigo mesmo, quando chego lá, já estou motivado. Ou seja, quando eu ajo, me coloco em movimento, entro em ação, libero dopamina e endorfina, e tenho um senso de realização. A ação é o motor que levou a motivação, quebrando a inércia. Depois que saímos da inércia, continuar em movimento é muito mais fácil.

Mas a grande pergunta aqui é: e como se colocar em movimento? Eu uso uma técnica que aprendi e ensinei aos milhares de alunos que já treinei para vencer a procrastinação, que é o *3, 2, 1 agora!*, uma técnica para o meu racional não negociar com o meu emocional, com o autossabotador que tenho dentro de mim.

Tive acesso à primeira versão dessa técnica lendo um e-book chamado *Procrastinação*, da Lilian Soares.[86] Ela aponta que essa é uma técnica desenvolvida pelo psicólogo clínico Thomas Phelan, especialista de renome internacional quando o assunto é disciplina e déficit de atenção. Por meio dessa técnica, você vai conseguir evitar a discussão que quase sempre é ganha pelo

---

85 PYCHYL, T. **Solving the procrastination puzzle**: a concise guide to strategies for change. Nova York: TarcherPerigee, 2013.

86 SOARES, L. **Procrastinação**: guia científico sobre como parar de procrastinar (definitivamente). Edição do Autor, 2017.

lado emocional, vai sair da inércia quando se deparar com um tipo de atividade que costuma procrastinar e vai dar início ao movimento da ação em si, que é o que puxa a motivação.

Por exemplo, imagine que eu tivesse que escrever uma monografia para a pós-graduação em Neurociência e Comportamento que fiz, mas estava procrastinando. O que aconteceu algumas vezes, diga-se de passagem. O que eu poderia fazer, primeiro, como já vimos, seria buscar um momento em que a minha barra de energia estivesse compatível com o tamanho da tarefa. Depois, poderia separar a tarefa em objetivos menores e diminuir o atrito para facilitar a conta que meu cérebro estaria fazendo para decidir fazer ou procrastinar. Então eu deveria começar a escrever a monografia, mas ainda assim não estaria nem disposto nem com vontade. Eu faria "tudo" que poderia, e ainda assim não ficaria motivado. É justamente nesse momento que se aplica a técnica. Basta contar: "*3, 2, 1 agora!*". E se levantar e cumprir com o programado. Independentemente de estar motivado ou não.

A mesma técnica pode ser usada para sair da cama de manhã e ir malhar. Se abrir os olhos e começar a negociação interna, é melhor parar imediatamente e falar para si mesmo (e, às vezes, até em voz alta): *3, 2, 1 agora!* E se levantar. Mesmo sem motivação, porque a partir da ação, a motivação começa a vir.

Agora, atenção, *3, 2, 1 agora!* não é mágica, não é milagre, mas é uma técnica que, aprendida e praticada, é superpoderosa para que você faça o que tem que ser feito. Ao treinar e executar o *3, 2, 1 agora!,* você vai conseguir impedir o seu cérebro de negociar com si mesmo.

Não negocie com aquela parte interior que todos nós temos, que às vezes se faz de vítima, que é preguiçosa, perfeccionista e tantas outras caras que essa parte assume, só se coloque em ação, pois por onde a ação entra, a preguiça, o medo e a desmotivação saem pela outra porta.

A partir de agora, vou mostrar o que você deve fazer para instalar o comando 3, 2, 1 agora!

E COMO PRATICAR O 3, 2, 1 AGORA?

Eu me lembro com extrema clareza desse dia. Era uma sexta-feira de Páscoa, eu e a Paty, levamos nossos filhos, João e Carol, para a praia, íamos jogar *frisbee*, aquele disco de plástico que fica um jogando para o outro. Assim que chegamos à Praia da Costa, em Vila Velha, no Espírito Santo, lugar em que morei por cerca de quinze anos, a Carol disse que queria mostrar uma cambalhota que ela tinha aprendido a dar na barra. Nesse momento, eu e João fomos na frente, e a Carol e a Paty foram ao local em que a Carol faria a demonstração. Eu mal tinha jogado o disco pela primeira vez e já comecei a ouvir gritos desesperados de dor.

Em poucos segundos ouvi a Paty gritando "a Carol quebrou o braço, a Carol quebrou o braço". De longe já vi que era sério, o braço dela parecia fazer uma letra "s" em uma parte que deveria estar reto. Ela tinha tentado dar uma cambalhota em uma barra de ferro na praia, daquelas mais altas para adultos fazerem exercício, e acabou se desequilibrando e caindo lá de cima com a cabeça apontada para baixo. Para se proteger, ela esticou o braço que, ao bater no chão, dobrou-se completamente para trás, gerando uma fratura de grau 4, precisando passar por uma cirurgia de três horas para colocar o que precisava no lugar.

Naquele primeiro momento, eu nem sabia o que tinha acontecido, só conseguia ver o braço dela quebrado e que tinham muitas pessoas ao redor olhando o acidente e outras se oferecendo para levar a Carol para o hospital. Era visível para todos que a coisa era séria. Para mim, parecia que o mundo tinha entrado em um modo de câmera lenta e tive que tomar muitas decisões relevantes em poucos segundos. Mantive a calma, olhei ao redor e dei os comandos para a Paty: "Vai com aquela família para o hospital", apontei para uma família que eu não conhecia, mas tinha filhos pequenos e me pareceu de maior confiança. "Vou deixar o João em casa com a avó dele e pegar a carteira do plano de saúde, encontro vocês lá no hospital."

Parecem decisões simples que teriam que ser tomadas de qualquer forma, mas para uma grande parte da população mundial a primeira pergunta seria: "Mas o que foi que aconteceu? Como ela caiu? Você não a segurou?". Todas essas perguntas seriam absolutamente inúteis naquele momento. Perguntas como essas seriam o equivalente a colocar o foco no problema. Quando um acidente como esses acontece, o foco precisa estar na solução.

Só que essa clareza de agir com foco na solução não acontecerá em grandes situações se não for treinado no dia a dia. Para chegar ao ponto de ter facilidade de lidar com desafios, como acontece comigo hoje, precisei treinar muito nos pequenos episódios da vida para que os maiores desafios se tornassem simples. Nenhum piloto estreia direto na F1, que é a principal categoria do automobilismo mundial. Ele começa por categorias menores para que, anos depois, se ele for muito bem, possa pilotar um carro de Fórmula 1.

No *3, 2, 1 agora!* é a mesma coisa. O que eu desejo é que essa expressão seja um *gatilho de ação* para você. Sempre que seu cérebro ouvir essa expressão eu quero que ele entenda que é hora de não negociar e simplesmente agir. De maneira bem simplória, é como se eu estivesse aplicando o experimento de Pavlov em mim mesmo. E o caso desse experimento é interessantíssimo.

Pavlov estava estudando a salivação dos cachorros quando viam comida. Mas, antes de os animais receberem a comida, ele tocava um sino, aí os cachorros entenderam que, quando Pavlov tocava o sino, em breve viria a comida. Eles, então, começaram a salivar não com a visão da comida, mas com o toque do sino. O fisiologista entendeu que um estímulo externo, completamente aleatório, podia fazer o cachorro salivar. Guardadas as devidas proporções, é basicamente isso que consegui fazer comigo e com meus alunos, transformando a expressão *3, 2, 1 agora!* em gatilho de ação.

Para você conseguir fazer igual, preparei um treinamento por níveis para você também colocar em prática essa técnica, assumir o comando para vencer a procrastinação e ter um gatilho para entrar em ação sempre que precisar.

Nível 1: instalando o comando

Nossa primeira meta é que seu cérebro comece a parear o comando *3, 2, 1 agora!* com um gatilho de ação. Então você precisa praticá-lo intencionalmente nas atividades corriqueiras do dia a dia, naquilo que você já faria naturalmente. Por exemplo, imagine que você está sentado e decide se levantar, então pensa na sua cabeça: *Vou levantar*, e fala na sua própria imaginação *3, 2, 1 agora!* e se levanta.

Outro exemplo: estou aqui, neste momento, escrevendo esta parte do livro e tomando um café em uma cidade chamada Charleston, na Carolina do Sul, nos Estados Unidos. Eu posso pensar ou até falar em voz alta, vou tomar um gole desse café, *3, 2, 1 agora!* e bebo. Talvez você pense, "mas eu não preciso disso tudo só para tomar um café". É verdade. Mas o que estou fazendo é criar conexões neurais para que o meu cérebro entenda que quando eu digo (ou penso) *3, 2, 1 agora!* eu ajo. Estamos transformando essa expressão em um gatilho de ação.

Nível 2: primeiros desafios

Neste nível, você vai passar a treinar o *3, 2, 1 agora!* em pequenos desafios. A diferença aqui é que você vai começar de maneira intencional a fazer atividades que normalmente não faria, como subir um lance de escada em vez de pegar o elevador. Por exemplo, eu, Geronimo, treino até hoje o *3, 2, 1 agora!* no banho gelado. Gosto de tomar banho gelado, porque uma das coisas que ele gera é dopamina, mas quase sempre é um desafio entrar embaixo da água gelada, especialmente em frios de -1°C. Já entrei em banheiras com dezenas de quilos de gelo, e cada vez que vou entrar em águas geladas falo *3, 2, 1 agora!* e dou um passo à frente, entrando no chuveiro. Estou treinando e mantendo o meu sistema para que, quando eu falar *3, 2, 1 agora!*, ele continue entendendo que é hora de ir lá e fazer. É a lógica do Pavlov, pois o meu cérebro entende que, quando eu falo isso, uma ação inegociável acontecerá em seguida.

Você não precisa entrar em banheiras com gelo, mas pode se desafiar minimamente no dia a dia. O importante nessas fases é que você só use a expressão quando realmente for fazer. Não estamos aqui ainda com a técnica implantada, mas em treinamento para implantar.

Nível 3: testando o comando

No último nível, você vai se desafiar a fazer o que antes procrastinava. Quando chegar nesse nível, você estará pronto para entrar em

ação e não procrastinar mais. Por exemplo, a pessoa procrastinava a escrita de um relatório, mas ela praticou tanto o *3, 2, 1 agora!* que, quando ela se senta para escrever, fala: "Vou começar a escrever o relatório, *3, 2, 1 agora!*". E começa imediatamente. Não precisa mais lutar contra o lado emocional, contra o autossabotador, apenas diz *3, 2, 1 agora!* e não procrastina mais o início do trabalho. A decorrência disso é que a ação puxa a motivação, lembra-se disso? Então, mesmo desmotivada para começar, a pessoa consegue iniciar a jornada e percebe a motivação vindo em seguida.

Mas, atenção: não brinque com *3, 2, 1 agora!* sem, em seguida, realizar uma ação. Mesmo que esteja explicando para alguém o *3, 2, 1 agora!*, pratique a ação que você descreveu. Enquanto escrevia este livro, descrevendo essas ações, eu as executei. Por quê? Porque quero que o meu cérebro continue salivando quando escuta o sino. E se o sino tocar sem vir a comida depois, ele vai começar a duvidar do poder dessas palavras que levamos tanto tempo para treinar.

A LEI DE EMMETT

Tinha chegado a época de declaração do imposto de renda, e a minha contadora me pediu todos os extratos bancários e comprovantes de operações de compra e venda de ações daquele ano para fazer os cálculos da declaração. Confesso que adiei por mais de um mês, porque só de imaginar entrar em um por um nos aplicativos dos bancos, descobrir onde que pegava o informativo para a declaração, imprimir, juntar tudo em uma pasta e enviar para a contadora, eu já desistia antes mesmo de começar. Porque aquilo me assustava. Passei semanas procrastinando isso.

Inclusive, agora que você chegou até aqui no livro, podemos falar sobre isso na nossa língua. Juntar os documentos da declaração do imposto de renda era uma tarefa percebida pelo meu cérebro como maior do que qualquer força de vontade que eu tivesse. Os dias se passavam, e eu não conseguia completar aquela demanda.

Até que, quando já não dava mais porque o prazo estava terminando, usei todas as técnicas que dominava. Escolhi o melhor horário em termos de força de vontade, que para mim sempre é de manhã, dividi em tarefas menores, falei *3, 2, 1 agora!* e comecei. Logo no primeiro banco que entrei já tinha uma informação dizendo "quer baixar o seu informativo para imposto de renda?" na página principal. E eu imediatamente baixei. Para minha surpresa, em trinta minutos já estava com todos os documentos em mãos, todos os extratos de todos os bancos. Só precisei arrastar para o aplicativo de mensagens e, poucos minutos depois, minha contadora tinha todos os documentos que adiei semanas para entregar.

É exatamente essa a lei de Emmett, cunhada pela escritora Rita Emmett. Em seu livro *Não deixe para depois o que você pode fazer agora*, ela explica que nós costumamos consumir muito mais energia pensando na atividade que precisa ser feita do que propriamente realizando-a. E, quase sempre, quando mergulhamos naquela atividade, percebemos que ela é muito mais simples do que parecia, e foi muito mais rápido realizá-la do que imaginava.[87]

87 EMMET, R. **Não deixe para depois o que você pode fazer agora**. Rio de Janeiro: Sextante, 2022.

E por que estou falando dessa lei para você agora? Porque na vida procrastinamos muitas atividades por acreditar que a tarefa era muito grande, quando, na verdade, não era. Tanto que, ao concluir, percebemos que deu menos trabalho do que parecia que daria. E qual é a melhor técnica para você quebrar a lei de Emmett? Justamente usar o *3, 2, 1 agora!* Eu posso afirmar que, daqui para a frente, você perceberá muitas e muitas vezes que a tarefa era muito menor, mais simples e mais rápida do que você imaginava.

Para isso, você só precisa desviar o foco da sua atenção do emocional para o racional, não negociar com o seu autossabotador e agir antes mesmo de a negociação começar. O sonho que você vem adiando, o motivo que fez você, em primeiro lugar, pegar este livro. Pense nisso e apenas faça!

3, 2, 1 agora!

Depois que saímos da inércia, continuar em movimento é muito mais fácil.

MENSAGEM FINAL

"O que você ganha ao atingir seus objetivos não é tão importante quanto quem você se torna ao atingi-los."

Zig Ziglar[88]

Houve um período da minha vida em que eu estava verdadeiramente cansado do que fazia e confesso que pensei em desistir de tudo o que estava em andamento. Para quem olhasse de fora, eu parecia ter tudo: já era uma pessoa conhecida publicamente, gravava vídeos semanais para o meu canal no YouTube, dava palestras no Brasil inteiro e no exterior, era reconhecido em vários lugares, estava ajudando muita gente com as minhas palavras. Mas a verdade é que, naquele momento, eu me sentia cansado da exposição pública, da exposição das redes sociais, de comentários não tão gentis que apareciam e aparecem até hoje nos vídeos, da cobrança demasiada que essa profissão exige, das noites fora de casa em viagem. Realmente pensei em desistir.

Foi então que, nesse estado de espírito, fui jantar com a minha família em uma rede de hamburgueria tradicional de que nós gostávamos muito de ir. Ela ficava em Vila Velha, no Espírito Santo, uma cidade de praia perto da capital, Vitória. E nós tínhamos como hábito, sempre que jantávamos lá, fazer uma competição de pintura. Cada um de nós pegava aquele kit de criança

---

88 ZIGLAR, Z. **See you at the top**. Nova Orleans: Pelican Publishing Company, 1986. p. 190.

do restaurante, que vinha com um desenho e lápis de cera para colorir, e depois votávamos no desenho de que tínhamos gostado mais. Lembro que eu nunca ganhava, mas adorava competir! E a Carol, minha filha, sempre foi a maior incentivadora da competição; levava lápis de cor, canetinha, se preparava antes, era realmente algo muito especial para ela.

Naquele dia, nós esquecemos as canetinhas dela no carro, e a Paty, minha mulher, falou que ia lá buscar. Mas eu falei: "Pode deixar, eu vou". A verdade é que eu não queria ir buscá-las, eu só queria sair por um instante, ficar sozinho um pouco. Estava com a ideia fixa de desistir, de trabalhar com outra coisa, de buscar outro caminho que não fosse aquele em que eu estava naquele momento.

Logo que saí do restaurante, percebi que uma pessoa à minha direita me viu, olhou diretamente para mim e veio na minha direção. Pela forma que me olhava e com seu andar firme, estava convencido de que ele estava vindo falar comigo e, provavelmente, pedir uma foto ou algo assim. Confesso que adoro receber o carinho de todos que me seguem. Tirar fotos com as pessoas na rua, no aeroporto, shoppings e restaurantes me enchem de alegria, mas naquele dia eu só queria desistir. Não tinha energia para doar naquele momento. Ele veio na minha direção e, quando chegou bem perto de mim, falou: "Geronimo?". Juntei todas as forças que tinha naquele momento, dei o melhor sorriso que podia e falei: "Sou eu".

Ele, estranhamente, não me pediu uma foto, não quis conversar, perguntar algo, nada. Só olhou para mim, botou a mão no meu ombro e me falou: "Seus vídeos fazem muito bem para mim! Por favor, não para não, continua". Depois se virou e voltou para o lugar de onde tinha vindo.

Eu pensei comigo: *Pô, Deus, já? Agiu rápido aqui, hein?!*

Eu não sei o nome dele, só sei que ele tem participação total neste livro, porque se não tivesse colocado a mão no meu ombro e dito aquelas palavras, talvez eu não estivesse aqui escrevendo, talvez eu tivesse desistido da minha missão naquele período. Nem foto nós tiramos porque ele não pediu, só veio para me dizer "não para não, continua".

E o que essa história tem a ver contigo?

Estou muito feliz e orgulhoso de você ter chegado até aqui. Espero que você também esteja sentindo muito orgulho por ter seguido firme com sua decisão de chegar ao fim deste livro, de absorver todo esse conhecimento, bem como as técnicas e ferramentas para se tornar, diariamente, a pessoa realizadora e um especialista na arte de falar e fazer.

Compartilhei com você o melhor de tudo o que descobri ao longo da minha investigação para encontrar as estratégias para lutar e vencer a procrastinação. E, como eu lhe disse, vencer a procrastinação não é uma linha de chegada. Será uma batalha minha e sua todos os dias da nossa vida. A diferença é que agora você tem o que precisa para vencer muito mais vezes do que antes.

Não é que, de uma hora para outra, você vai acordar todos os dias com uma extrema motivação para fazer tudo o que tem que ser feito. Você já aprendeu que não é a motivação que puxa a ação. Na verdade, é justamente o contrário, é a sua ação que incentivará você a continuar motivadamente rumo à realização dos seus sonhos mais ousados. A grande transformação se dá porque a cada realização nos sentimos mais fortes e capacitados para vencer a nossa própria fraqueza. Paramos de nos apegar ao que causa estresse, medo, insegurança, e colocamos nosso foco

na evolução pessoal que experimentamos depois de cumprir aquilo que prometemos aos outros e a nós mesmos. É claro que se tornar uma pessoa que fala e faz terá um impacto enorme em praticamente todas as áreas da sua vida, especialmente nos seus relacionamentos, vida profissional, na sua saúde, vida financeira, até na sua espiritualidade você experimentará um senso de evolução, mas a mudança mais importante está em quem você vai se tornando na jornada.

Sou muito honrado por ter confiado em mim para ser parte de um movimento de mudança que você decidiu iniciar. Espero verdadeiramente que recorra a todos os recursos que lhe apresentei – inclusive relendo este livro ou trechos dele sempre que for necessário – para que transforme em realidade a vida com a qual sonha. E se você entendeu que este livro o ajudou em alguma medida, não deixe de presentear alguém com um novo exemplar para que mais pessoas tenham acesso a esse conhecimento. Escolha alguém com quem você se importa e diga para ela o quanto este livro impactou a sua vida e que, pelo carinho que você tem por ela, resolveu comprar um exemplar de presente.

E, antes de nos despedirmos, quero lembrar que você não precisa vencer a procrastinação 100% das vezes, muito pelo contrário. Não se cobre tanto. Lembre-se do Djokovic que, vencendo poucos pontos a mais, deixou de ser o número 680 do mundo para se tornar o número 1. E mesmo assim ele ainda não passou a vencer 100% das partidas que joga.

E com a procrastinação não é diferente. Ninguém, nem mesmo eu, consegue vencê-la 100% das vezes, 100% dos dias. Vão ter horas em que você vai ter a sensação de que não dá mais. Vai dar uma vontade de desistir, vai bater uma sensação ruim de que não tem mais jeito. Eu sei que, em algum momento, as coisas vão parecer difíceis, e você vai pensar em desistir. Talvez o que lhe trouxe até este livro tenha sido exatamente isso. E que bom que nós nos encontramos, aqui, nestas páginas, porque tenho algo muito importante para lhe dizer.

Se isso acontecer um dia, e você pensar em desistir do caminho em que está, deixe eu ser para você o que aquele cara foi para mim naquela noite em Vila Velha. Me imagine colocando a mão no seu ombro e lembrando que você é muito maior e muito mais forte do que imagina. Eu quero que você escute minha voz falando: "Não para não, continua". O Sol nasce todos os dias, e todos os dias você tem uma chance nova de fazer tudo diferente.

E, se você chegou até aqui, se me vir na rua algum dia, pode me parar, vir conversar, bater uma foto comigo, e me dizer: "Eu continuei".

Será o nosso código secreto para que eu saiba que você terminou este livro e, mais do que isso, entendeu que, a cada novo passo, a cada aprendizado e obstáculo superado, você se fortalece e se aproxima cada vez mais de todo o potencial que há dentro de você, e da pessoa extraordinária que eu sei que é.

Agora, pense por um instante no que você vai realizar na sua vida ao virar essa última página e começar a se tornar uma pessoa que vai lá e faz, um primeiro sonho que você pretende realizar.

Pensou?

Então leia em voz alta: *3, 2, 1 agora!*

Agora? Agora vai lá e faz!

Este livro foi impresso em papel pólen bold 70 g/m^2 em agosto de 2023 pela Edições Loyola.